라이팅이 쉬워지는
Grammar Drills

About This book

문법 개념 설명부터 문법 패턴 학습까지 쉬운 예문으로 구성하여 문법의 개념과 원리를 바탕으로 문법 기초 실력을 다지도록 구성하였다. 또한 이를 토대로 문법 학습뿐만 아니라 문장 패턴 학습과 문장 영작이 가능하도록 하였습니다.

자세하게 정리된 문법 설명을 통해 개념을 다지고 익히면서 문법 원리를 익히도록 구성하여, 읽으면서도 바로 이해가 되도록 하였습니다.

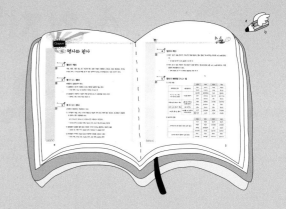

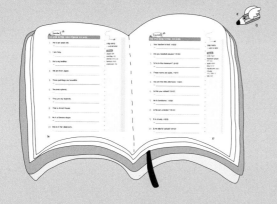

문법 개념과 원리 학습을 통해 익힌 내용을 다양한 문법 문제를 통해서 익히고 확인하도록 하였습니다. 실용 문제를 중심으로 실전에 강하도록 하였습니다.

문법 패턴 학습과 기초 문장 영작을 통해 문장쓰기 훈련이 가능하도록 구성하여 문법 패턴 학습을 통해 원리를 터득하고 정확성을 기르도록 구성하였습니다.

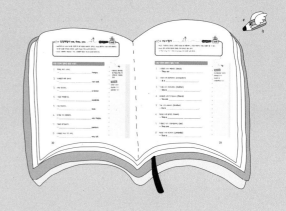

Contents

Chapter

01 명사와 관사

1 명사의 의미

사람, 생물, 사물, 장소 등 '세상에 있는 모든 것들의 이름'을 나타내는 말이 명사이다. 명사는 book, tree, computer처럼 셀 수 있는 명사와 Korea, love처럼 셀 수 없는 명사가 있다.

2 셀 수 있는 명사

보통명사, 집합명사가 있다.

① 보통명사: 하나씩 구분할 수 있는 일정한 모양이 있는 명사

> ▶ bed 침대, dog 개, teacher 선생님, house 집

② 집합명사: 사람이나 사물이 여럿 모여서 하나의 집합체를 이루는 명사

> ▶ family 가족, class 학급, team 팀

3 셀 수 없는 명사

고유명사, 물질명사, 추상명사가 있다.

① 고유명사: 사람, 나라, 도시의 이름 등 세상에 오직 하나 밖에 없는 명사로, 하나뿐이기 때문에 첫 글자는 항상 대문자로 쓴다.

> *지구(earth), 달(moon), 태양(sun)은 보통명사 취급한다.

> ▶ Korea 한국, London 런던, Sumi 수미, April 4월, Monday 월요일

② 물질명사: 일정한 형태 없이 모양과 크기가 바뀌는 물질이나 재료의 이름

> ▶ water 물, milk 우유, sugar 설탕, money 돈, paper 종이

③ 추상명사: 뚜렷한 모양이 없이 추상적인 개념을 나타내는 명사

> ▶ love 사랑, time 시간, music 음악, war 전쟁, peace 평화

4 단수와 복수

① 단수: 셀 수 있는 명사가 '하나'인 것을 말한다. 명사 앞에 '하나의'라는 의미로 a나 an을 붙인다.

▶ a cup 컵 한 개, an apple 사과 한 개

② 복수: 셀 수 있는 명사가 '둘 이상'인 것을 말한다. 명사의 끝에 보통 -s나 -es를 붙인다. 이를 명사의 복수형이라고 한다.

▶ two cups 컵 두 개, three apples 사과 세 개

5 명사의 복수형 만드는 법

① 규칙 변화

		단수	복수	단수	복수
대부분의 명사	-s를 붙인다.	pen	pens	egg	eggs
		book	books	dog	dogs
-o, -s, -sh, -ch, -x로 끝나는 명사	-es를 붙인다.	potato	potatoes	bus	buses
		dish	dishes	bench	benches
		box	boxes	fox	foxes
자음+y로 끝나는 명사	y를 i로 바꾸고 -es를 붙인다.	lady	ladies	candy	candies
		baby	babies	lily	lilies
모음+y로 끝나는 명사	-s를 붙인다.	day	days	boy	boys
-f(e)로 끝나는 명사	-f(e)를 v로 바꾸고 -es를 붙인다.	wolf	wolves	knife	knives
		예외 roof	roofs	chief	chiefs

② 불규칙 변화

	단수	복수	단수	복수
단수와 복수의 형태가 전혀 다른 명사	foot	feet	tooth	teeth
	man	men	woman	women
	child	children	ox	oxen
	mouse	mice	goose	geese
단수와 복수의 형태가 같은 명사	fish	fish	deer	deer
	sheep	sheep	salmon	salmon

6 관사의 의미

a, an, the는 명사 앞에서 명사와 함께 쓰이는 말인데, 이런 단어들을 관사라고 한다. 관사는 명사 앞에서 명사의 뜻을 명확하게 해 주는 역할을 한다. a, an은 부정관사로 부정확한 대상 앞에 쓴다. the는 정관사로 명확한 대상 앞에 쓰고 '그'라는 뜻이다.

7 a, an의 구분

a, an은 부정확한 대상 앞에 쓰고, '하나의', '어떤'이라는 뜻이며 셀 수 있는 명사가 하나일 때 명사 앞에 붙는다. 셀 수 없는 명사나 복수명사 앞에는 a, an을 붙이지 않는다. 대부분의 명사 앞에는 a를 사용하지만, 첫소리가 모음 a, e, i, o, u로 소리 나는 명사 앞에는 an을 붙인다.

* 철자가 아니라 첫소리임에 유의한다.

a +	book, chair, desk, house, bike, flower, toy, university 등
an +	apple, egg, igloo, orange, umbrella, hour, MP3 player 등

〈a, an의 쓰임〉

① 실제로 하나인 것을 나타낼 때

I have a cat. 나는 고양이 한 마리를 가지고 있다.

There is an apple in the basket. 바구니 안에 사과 하나가 있다.

② 막연한 하나를 나타낼 때

A man is coming into the office. 어떤 남자가 사무실 안으로 들어오고 있다.

③ '~마다'라는 의미로 쓰일 때

I drink two glasses of water a day. 나는 하루에 두 잔의 물을 마신다.

다음 명사의 복수형을 쓰세요.

1 potato → _____

2 radio → _____

3 goose → _____

4 dish → _____

5 sheep → _____

6 roof → _____

7 teacher → _____

8 doctor → _____

9 pencil → _____

10 zebra → _____

11 peach → _____

12 sweater → _____

13 fly → _____

14 wolf → _____

15 baby → _____

16 tray → _____

〈개념 다지기〉

5. 명사의 복수형 만드
   는 법

Words

potato 감자
goose 거위
sheep 양
zebra 얼룩말
peach 복숭아
fly 파리
tray 쟁반

Exercise 2

다음 명사의 복수형은 단수형으로, 단수형은 복수형으로 쓰세요.

1   books   →   _____

2   bench   →   _____

3   lily   →   _____

4   thief   →   _____

5   classes   →   _____

6   men   →   _____

7   piano   →   _____

8   lady   →   _____

〈개념 다지기〉

5. 명사의 복수형 만 드는 법

Words

bench 벤치
lily 백합꽃
thief 도둑
lady 숙녀

Exercise 3

다음 빈칸에 a나 an을 쓰세요.

1   _____ child

2   _____ apple

3   _____ onion

4   _____ university

5   _____ house

6   _____ octopus

7   _____ hour

8   _____ box

〈개념 다지기〉

6. 관사의 의미
7. a, an의 구분

Words

onion 양파
octopus 문어
hour 시간

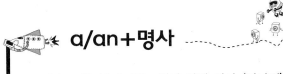

a/an+명사

- a나 an은 셀 수 있는 명사 앞에 써서 '하나의'라는 뜻을 나타낸다.
- an은 첫 소리가 a, e, i, o, u로 시작하는 명사 앞에 쓴다. 예 an apple, an egg
- a는 그 외의 나머지 소리로 시작하는 명사 앞에 쓴다. 예 a cat, a chair

다음 빈칸에 알맞은 말을 쓰세요.

1 그것은 한 개의 사과이다. (apple)
→ It is ＿＿＿＿＿＿ ＿＿＿＿＿＿ .

2 나는 고양이 한 마리를 가지고 있다. (cat)
→ I have ＿＿＿＿＿＿ ＿＿＿＿＿＿ .

3 한 마리의 개는 행복하다. (dog)
→ ＿＿＿＿＿＿ ＿＿＿＿＿＿ is happy.

4 이것은 의자이다. (chair)
→ This is ＿＿＿＿＿＿ ＿＿＿＿＿＿ .

5 그들은 알 한 개를 가지고 있다. (egg)
→ They have ＿＿＿＿＿＿ ＿＿＿＿＿＿ .

6 오렌지 한 개가 있다. (orange)
→ There is ＿＿＿＿＿＿ ＿＿＿＿＿＿ .

7 나는 문어 한 마리를 본다. (octopus)
→ I see ＿＿＿＿＿＿ ＿＿＿＿＿＿ .

8 개미 한 마리가 땅에 있다. (ant)
→ There is ＿＿＿＿＿＿ ＿＿＿＿＿＿ on the ground.

*셀 수 있는 명사 앞에 부정관사 a나 an이 쓰이는데, 철자가 아닌 첫소리가 모음인 경우에는 an을 쓴다.

Words
have 가지고 있다
happy 행복한
egg 계란, 알
ant 개미
see 보다
ground 땅

명사의 복수형 1

- 셀 수 있는 명사의 복수형은 -s나 -es를 붙여서 만든다.
- 셀 수 있는 일부의 단어들은 명사의 복수형이 다르게 변하기도 하는데, 형태가 같은 명사도 있다.
  예 foot(발) → feet(발들), deer(사슴) → deer(사슴들)

다음 빈칸에 알맞은 말을 쓰세요.

1 그것들은 버스들이다. (bus)

→ They are _____.

2 그들은 날개들을 가지고 있다. (wing)

→ They have _____.

3 하늘에는 연들이 있다. (kite)

→ There are _____ in the sky.

4 그것들은 큰 나무들이다. (tree)

→ They are big _____.

5 그 가방 안에 책들이 있다. (book)

→ There are _____ in the bag.

6 우리는 손들과 발들을 가지고 있다. (hand, foot)

→ We have _____ and _____.

7 나는 두 명의 남자 형제가 있다. (brother)

→ I have two _____.

8 들판에 네 마리의 사슴이 있다. (deer)

→ There are four _____ in the field.

*-o, -s, -sh, -ch, -x로 끝나는 명사는 -es를 붙여 명사의 복수형을 만든다.

Words

wing 날개
kite 연
foot 발
deer 사슴

10·

명사의 복수형 2

- 셀 수 있는 명사가 두 개 이상을 나타낼 때 baby처럼 [자음+y]로 끝날 경우에는 y를 i로 바꾸고 -es 만 붙이면 된다.
- the는 '그'라는 뜻으로 명사 앞에 쓰여 대상을 지칭할 때 쓴다.

다음 빈칸에 알맞은 말을 쓰세요.

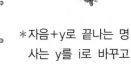

*자음+y로 끝나는 명사는 y를 i로 바꾸고 -es를 붙인다.

*모음+y로 끝나는 명사는 -s를 붙인다.

Words

tall 키가 큰
basket 바구니
heavy 무거운
woods 숲
desk 책상

1 나의 어머니는 한 명의 여자 형제가 있다. (sister)
→ My mother has a _____.

2 그 아기들은 키가 크다. (baby)
→ The _____ are tall.

3 그 바구니에 사과 하나가 있다. (apple)
→ There is an _____ in the basket.

4 그 상자들은 매우 무겁다. (box)
→ The _____ are very heavy.

5 그 숙녀들을 보세요. (lady)
→ Look at the _____.

6 그 숲에는 집 한 채가 있다. (house)
→ There is a _____ in the woods.

7 그 책상 위에 공들이 있다. (ball)
→ There are _____ on the desk.

8 그 다섯 개의 사탕이 탁자 위에 있다. (candy)
→ The five _____ are on the table.

숫자+꾸미는 말+명사

- two는 '두 개의'라는 뜻이므로 그 뒤에는 balls(공들)처럼 명사의 복수형이 와야 한다.
- big(큰), tall(키가 큰)처럼 모양이나 상태 등 꾸미는 말이 필요하면 two와 balls 사이에 쓴다.
  예) two big balls 두 개의 큰 공들

다음 빈칸에 알맞은 말을 쓰세요.

1 나는 세 명의 키 작은 남자들을 본다. (man, short)
   → I see three _____ _____.

2 Mark는 두 마리의 큰 곰들을 본다. (bear, big)
   → Mark sees _____ _____ _____.

3 그들은 네 마리의 작은 황소들을 가지고 있다. (small, ox)
   → They have _____ _____ _____.

4 그녀는 다섯 마리의 귀여운 개들을 가지고 있다. (dog, cute)
   → She has _____ _____ _____.

5 우리들은 여섯 개의 빨간 사과들이 필요하다. (apple, red)
   → We need _____ _____ _____.

6 Jake는 일곱 개의 큰 오렌지들을 먹는다. (orange, big)
   → Jake eats _____ _____ _____.

7 우리들은 여덟 마리의 작은 고양이들이 있다. (cat, small)
   → We have _____ _____ _____.

8 나는 키가 큰 아홉 명의 소녀들을 본다. (tall, girl)
   → I see _____ _____ _____.

*명사가 한 개 또는 한 명인 경우는 a 나 an을 쓰지만 둘 이상인 경우는 숫자를 이용해 몇 개(명)인지 나타낼 수 있다.

Words

short 키(가) 작은
big 큰
ox 황소
cute 귀여운
red 빨간색(의)

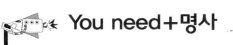 # You need+명사

- You need는 '너는 ~이 필요하다'라는 뜻으로 need 뒤에 필요한 물건(명사)을 말하면 된다.
- need 뒤에 water(물), milk(우유), coffee(커피) 등 셀 수 없는 물질명사도 올 수 있는데, 이런 단어들 앞에는 a나 an을 쓰지 않으며 복수로 나타낼 수도 없다.

다음 빈칸에 알맞은 말을 쓰세요.

1 너는 큰 자동차가 필요하다. (car)

→ _____ _____ a big _____.

2 너는 단추들이 필요하다. (button)

→ _____ _____ _____.

3 너는 우유가 필요하다. (milk)

→ _____ _____ _____.

4 너는 작은 침대가 필요하다. (bed)

→ _____ _____ a small _____.

5 너는 커피가 필요하다. (coffee)

→ _____ _____ _____.

6 너는 물이 필요하다. (water)

→ _____ _____ _____.

7 너는 의자 하나가 필요하다. (chair)

→ _____ _____ a _____.

8 너는 꽃들이 필요하다. (flower)

→ _____ _____ _____.

*물질명사는 water, milk, sugar, paper 등 일정한 형태 없이 모양과 크기가 바뀌는 물질이나 재료의 이름이다.

Words
button 단추
bed 침대
chair 의자
flower 꽃

물질명사의 수량

- 주스, 커피처럼 개수를 셀 수 없는 경우에는 단위를 나타내는 말을 이용하여 몇 개인지 나타낸다.
  - 예 병에 들어있는 경우 → a bottle of wine[juice] 와인[주스] 1병
  - 예 컵에 마시는 경우 → a cup of coffee[tea] 커피[차] 1잔
- 둘 이상일 때는 two bottles of, three cups of처럼 단위 앞에 숫자를 바꾸고 단위를 복수형으로 쓴다.

다음 빈칸에 알맞은 말을 쓰세요.

1 그녀는 와인 한 병을 원한다.
→ She wants _____ _____ _____ wine.

2 그는 커피 두 잔을 마신다.
→ He drinks _____ _____ _____ coffee.

3 우리는 우유 세 병을 가지고 있다.
→ We have _____ _____ _____ milk.

4 나는 물 두 컵이 필요하다.
→ I need _____ _____ _____ water.

5 나는 주스 한 병을 산다.
→ I buy _____ _____ _____ juice.

6 그들은 물 네 병을 가지고 온다.
→ They bring _____ _____ _____ water.

7 나의 아버지는 차 한 잔을 마신다.
→ My father drinks _____ _____ _____ tea.

8 그들은 와인 두 병을 산다.
→ They buy _____ _____ _____ wine.

*와인 1병 →
a bottle of wine
우유 1병 →
a bottle of milk
커피 1잔 →
a cup of coffee
차 1잔 →
a cup of tea

Words

want 원하다
drink 마시다
buy 사다
juice 주스
bring 가져오다

Memo

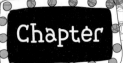

대명사

1 대명사의 의미

대명사는 명사를 대신한다고 해서 대명사라고 하며, 대명사에는 사람을 대신하는 인칭대명사와 지시를 나타내는 지시대명사가 있다.

2 인칭대명사의 종류

대명사도 명사처럼 둘 이상일 때는 복수형으로 사용해야 한다.

	단수	복수
1인칭 대명사	I 나	we 우리
2인칭 대명사	you 너	you 너희들
3인칭 대명사	he 그(남자) she 그녀(여자) it 그것(사물, 동물)	they 그들, 그것들

① 1인칭: 말을 하는 사람인 '나' 또는 나를 포함한 '우리'를 가리킨다.
② 2인칭: 말을 듣는 사람인 '너' 또는 '너희'를 가리킨다.
③ 3인칭: 나와 너를 제외한 '나머지'나 '나머지들'을 가리킨다.

3 인칭대명사의 쓰임

인칭대명사는 문장에서 주어, 목적어 등으로 쓰인다. 문장에서 주어로 사용될 때는 인칭대명사의 주격을 사용하고, 목적어로 사용될 때는 목적격을, 명사의 소유를 나타낼 때는 소유격을 사용한다.

	단수			복수		
	주격(~은/는)	목적격(~을)	소유격(~의)	주격(~은/~는)	목적격(~을)	소유격(~의)
1인칭	I	me	my	we	us	our
2인칭	you	you	your	you	you	your
3인칭	he	him	his	they	them	their
	she	her	her			
	it	it	its			

4 지시대명사의 종류

지시대명사란 '이것', '저것', '이 사람', '저 사람'처럼 사물이나 사람을 가리키는 말로, 명사 대신 사용하는 말이다.

• this: '이것', '이 사람'이라는 뜻으로 말하는 사람과 가까운 곳에 있는 단수명사를 대신하는 말이다. This is a knife. 이것은 칼이다.

• that: '저것', '저 사람'이라는 뜻으로 말하는 사람과 떨어져 있는 단수명사를 대신하는 말이다. That is a dish. 저것은 접시이다.

• these: '이것들', '이 사람들'이라는 뜻으로 말하는 사람과 가까운 곳에 있는 복수명사를 대신하는 말이다. These are apples. 이것들은 사과들이다.

• those: '저것들', '저 사람들'이라는 뜻으로 말하는 사람과 떨어져 있는 복수명사를 대신하는 말이다. Those are forks. 저것들은 포크들이다.

5 지시형용사의 의미

this, that, these, those가 명사 앞에서 명사를 꾸며줄 때, this, that, these, those는 지시대명사가 아닌 지시형용사라고 한다.

	단수(지시대명사/지시형용사)	복수(지시대명사/지시형용사)
가까이 있는 것	this 이것 / 이 ~	these 이것들 / 이 ~들
떨어져 있는 것	that 저것 / 저 ~	those 저것들 / 저 ~들

This is my student. 이 사람은 내 학생이다. [지시대명사]
This girl is my student. 이 소녀는 내 학생이다. [지시형용사]

6 비인칭 주어 it의 쓰임

it은 특별한 뜻 없이 주어로 사용하는 경우가 있는데 이때의 it을 비인칭 주어 it이라 한다. 비인칭 주어 it은 '그것'이라고 해석하지 않는다.

① 시간, 요일, 날짜 등을 나타낼 때

What time is it? 몇 시인가요?   – It's ten o'clock. 10시이다.

What day is it? 무슨 요일인가요?   – It's Sunday. 일요일이다.

What date is it? 오늘은 며칠인가요?   – It's May 5th. 5월 5일이다.

② 날씨를 나타낼 때

How's the weather? 날씨가 어때요?   – It's sunny. 맑아요. / 화창해요.

It's hot. 더워요.

③ 명암을 나타낼 때

It's dark. 어두워요.

④ 거리를 나타낼 때

How long does it take to Seoul? 서울까지 얼마나 걸리나요?

– It takes two hours. 2시간 걸려요.

7 소유대명사의 쓰임

'나의 것'처럼 '소유격+명사'를 나타내는 말을 소유대명사라고 한다.

	단수	복수
1인칭	mine 나의 것	ours 우리의 것
2인칭	yours 너의 것	yours 너희들의 것
3인칭	his 그의 것 hers 그녀의 것	theirs 그들의 것

This is my book. = This book is mine.
이것은 내 책이다.   이 책은 나의 것이다.

Exercise 1

다음 우리말에 해당하는 인칭대명사를 쓰세요.

〈개념 다지기〉
2. 인칭대명사의 종류
3. 인칭대명사의 쓰임

1 너의 → _____
2 나를 → _____
3 그것의 → _____
4 그녀의 → _____
5 우리들의 → _____
6 그의 → _____
7 너희들을 → _____
8 나의 → _____
9 그를 → _____
10 그(것)들의 → _____

Exercise 2

다음 단수형은 복수형으로, 복수형은 단수형으로 고쳐 쓰세요.

〈개념 다지기〉
5. 지시형용사의 의미

Words
man 남자
fish 물고기
roof 지붕

1 this chair → _____
2 those cars → _____
3 that man → _____
4 these books → _____
5 that child → _____
6 those deer → _____
7 this fish → _____
8 these buses → _____
9 that sheep → _____
10 those roofs → _____

Exercise 3

다음 밑줄 친 부분을 인칭대명사로 바꾸어 쓰세요.

1   <u>Mary</u> is in the kitchen.   _____

2   I help <u>Jack</u> every morning.   _____

3   <u>Sue and I</u> get up late.   _____

4   <u>Joe and you</u> look happy.   _____

5   I read <u>the book</u>.   _____

6   <u>My sister</u> is a singer.   _____

7   <u>Ann and Judy</u> have lunch.   _____

8   <u>The buildings</u> are very tall.   _____

9   Look at <u>the big castles</u>.   _____

10   Mr. Smith teaches <u>Amy and me</u> English.   _____

11   I meet <u>Alice</u> in the park.   _____

12   <u>Tom</u> is my cousin.   _____

13   I know <u>John and you</u>.   _____

14   <u>Matt and you</u> are friends.   _____

15   <u>The movies</u> are interesting.   _____

16   We see <u>Jenny and her dog</u>.   _____

〈개념 다지기〉
3. 인칭대명사의 쓰임

Words

kitchen 부엌
singer 가수
lunch 점심 식사
castle 성
teach 가르치다
meet 만나다
cousin 사촌
know 알다

I am+사람/모양이나 감정

- I는 '나는'이라는 뜻으로 항상 대문자로 쓴다. am은 '~이다'의 뜻으로 I와 함께 쓰는데, I am은 '나는 ~이다'라는 뜻이다.
- I am+ ┌ 사람(Tom, Amy, a student)
        └ tall(키가 큰), happy(행복한), sad(슬픈) 등 모양이나 감정을 나타내는 말

다음 빈칸에 알맞은 말을 쓰세요.

1 나는 Matt이다.
→ _____ _____ Matt.

2 나는 Jamie이다.
→ _____ am _____ .

3 나는 배가 고프다.
→ _____ _____ hungry.

4 나는 화가 난다.
→ _____ _____ angry.

5 나는 학생이다.
→ _____ _____ a student.

6 나는 슬프다.
→ _____ _____ sad.

7 나는 David이다.
→ _____ _____ _____ .

8 나는 행복하다.
→ _____ _____ _____ .

*I am 뒤에는 사람(Tom, Amy, a student)이나 happy(행복한), sad(슬픈)처럼 모양이나 감정을 나타내는 말이 온다.

Words
hungry 배가 고픈
angry 화가 난
student 학생

인칭대명사 we, they, you

- we(우리는)는 나(I) 자신을 포함한 두 명 이상을 나타내는 말이고, they(그들은)는 나와 너를 제외하고 두 명 이상을 나타내는 말이다. we와 they는 모두 are와 함께 쓴다.
- you는 대화하는 대상으로 '너는, 너희들은'이라는 뜻으로 are와 함께 쓴다.

다음 빈칸에 알맞은 말을 쓰세요.

1 우리는 배가 고프다.

→ _____ _____ hungry.

2 너희들은 매우 슬프다.

→ _____ _____ very sad.

3 너는 의사이다.

→ _____ _____ a doctor.

4 그들은 학생들이다.

→ _____ _____ students.

5 너는 친절하다.

→ _____ _____ kind.

6 우리는 아주 행복하다.

→ _____ _____ very happy.

7 그들은 화가들이다.

→ _____ _____ painters.

8 너희들은 아주 키가 크다.

→ _____ _____ very tall.

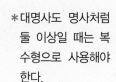

＊대명사도 명사처럼 둘 이상일 때는 복수형으로 사용해야 한다.

Words

kind 친절한
doctor 의사
painter 화가

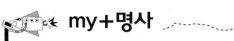  

my+명사

- my는 '나의'라는 뜻으로 소유를 나타낼 때 사용하며 그 뒤에 사람이나 사물, 동물이 올 수 있다.
- my는 혼자 쓰이지 않으며 뒤에는 항상 명사가 와야 한다.
  예 This is my. (×) → This is my book. (○) 이것은 나의 책이다.

다음 빈칸에 알맞은 말을 쓰세요.

Words

computer 컴퓨터
friend 친구
room 방
umbrella 우산

1 그것들은 나의 책들이다. (book)
  → They are _____ _____.

2 그것은 나의 컴퓨터이다. (computer)
  → It is _____ _____.

3 그녀는 나의 어머니이다. (mother)
  → She is _____ _____.

4 너희들은 나의 친구들이다. (friend)
  → You are _____ _____.

5 그는 나의 오빠이다. (brother)
  → He is _____ _____.

6 이것은 나의 방이다. (room)
  → This is _____ _____.

7 그것들은 나의 고양이들이다. (cat)
  → They are _____ _____.

8 저것은 나의 우산이다. (umbrella)
  → That is _____ _____.

인칭대명사의 소유격

- my(나의), your(너의), her(그녀의), his(그의), our(우리의), their(그들의)는 모두 '(누구)의'란 뜻으로 소유를 나타낼 때 쓰인다.
- 인칭대명사의 소유격은 혼자 쓰일 수 없으며 반드시 그 뒤에 명사가 와야 한다.

다음 빈칸에 알맞은 말을 쓰세요.

1 그녀는 그녀의 아버지와 함께 있다. (father)
→ She is with ＿＿＿＿＿＿ ＿＿＿＿＿＿.

2 그것은 나의 자전거이다. (bike)
→ It is ＿＿＿＿＿＿ ＿＿＿＿＿＿.

3 너의 재킷을 입어라. (jacket)
→ Put on ＿＿＿＿＿＿ ＿＿＿＿＿＿.

4 그 소년은 그의 아들이다. (son)
→ The boy is ＿＿＿＿＿＿ ＿＿＿＿＿＿.

5 그것들은 우리의 사과들이다. (apple)
→ They are ＿＿＿＿＿＿ ＿＿＿＿＿＿.

6 저것은 그들의 케이크이다. (cake)
→ That is ＿＿＿＿＿＿ ＿＿＿＿＿＿.

7 나는 그녀의 빵을 먹는다. (bread)
→ I eat ＿＿＿＿＿＿ ＿＿＿＿＿＿.

8 그들은 나의 정원을 본다. (garden)
→ They look at ＿＿＿＿＿＿ ＿＿＿＿＿＿.

＊소유를 나타낼 때는 인칭대명사의 소유격을 사용한다.

Words
with ~와 함께
bike 자전거
jacket 재킷
son 아들
bread 빵
garden 정원

명사의 소유격

- '민수의, 엄마의'와 같이 누구의 것인지를 나타낼 때는 이름 다음에 쉼표 모양의 부호(', 어포스트로피)와 s를 붙여 나타낸다.
  예) 민수의 책 → Minsu's book, 엄마의 자동차 → mom's car

다음 빈칸에 알맞은 말을 쓰세요.

1 이곳은 Jane의 집이다. (house)
→ This is _____ _____ .

2 저것은 엄마의 침대이다. (bed)
→ That is _____ _____ .

3 이것은 Peter의 컴퓨터이다. (computer)
→ This is _____ _____ .

4 그것들은 Matt의 지우개들이다. (eraser)
→ They are _____ _____ .

5 그것들은 형의 옷들이다. (clothes)
→ They are _____ _____ .

6 이것들은 Tom의 거북들이다. (turtle)
→ These are _____ _____ .

7 저것은 Cathy의 인형이다. (doll)
→ That is _____ _____ .

8 이것은 Brian의 책상이다. (desk)
→ This is _____ _____ .

*인칭대명사가 아닌 명사의 소유격은 -'s 를 붙여 나타낸다.

Words
eraser 지우개
clothes 옷
turtle 거북
doll 인형
desk 책상

인칭대명사의 목적격

- me(나를), you(너를, 너희들을), him(그를), her(그녀를), it(그것을), us(우리를), them(그들을, 그것들을)은 '누구를'에 해당하는 말로 목적격이라고 한다.
- 목적격은 help(~를 돕다), forgive(~를 용서하다), take(~을 가지고 가다)처럼 목적어를 필요로 하는 말 뒤에 쓰인다.

다음 빈칸에 알맞은 말을 쓰세요.

1 그들을 도와주세요.
→ Help _____, please.

2 그녀를 용서하세요.
→ Forgive _____, please.

3 그것을 가지고 가세요.
→ Take _____, please.

4 나를 좀 봐 주세요.
→ Look at _____, please.

5 그것들을 던져요.
→ Throw _____, please.

6 우리들은 그를 사랑한다.
→ We love _____.

7 나의 부모님은 그녀를 알고 있다.
→ My parents know _____.

8 Dan은 그들을 매우 좋아한다.
→ Dan likes _____ very much.

*인칭대명사가 목적어로 사용될 때는 목적격을 쓴다.

Words
throw 던지다
love 사랑하다
know 알다

소유격+명사 → 소유대명사

• my는 '나의'란 뜻으로 반드시 뒤에 명사가 와야 한다. 하지만 mine은 '나의 것'이란 뜻으로 뒤에 명사가 필요 없으며 이를 소유대명사라고 한다.

예 my(나의)+명사 → mine(나의 것)

다음 빈칸에 알맞은 말을 쓰세요.

*mine(나의 것),
yours(너의(너희들의)
것), his(그의 것),
hers(그녀의 것),
ours(우리의 것),
theirs (그들의 것)

Words
cake 케이크
balloon 풍선

1 이 공은 나의 것이다.
→ This ball is _____.

2 저 케이크는 그의 것이다.
→ That cake is _____.

3 그 풍선은 너의 것이다.
→ The balloon is _____.

4 저 옷들은 우리의 것이다.
→ Those clothes are _____.

5 이 사과들은 나의 것이다.
→ These apples are _____.

6 저 새들은 그녀의 것이다.
→ Those birds are _____.

7 이 연필들은 그들의 것이다.
→ These pencils are _____.

8 저 우산들은 너희들의 것이다.
→ Those umbrellas are _____.

this의 다양한 쓰임

- this 뒤에 is가 오면 '이것은'의 뜻이 되고, this 뒤에 'house(집), car(자동차)'와 같은 명사가 오면 '이 ~'의 뜻이 된다.
- This is ~: 이것은 ~이다 / This+house[car]: 이 집[자동차]
- This is+사람 이름: 이 사람은 ~이다

다음 빈칸에 알맞은 말을 쓰세요.

1 이것은 집이다. (house)

→ ＿＿＿＿＿＿＿＿＿ is a ＿＿＿＿＿＿＿＿＿.

2 이 사람은 Kate이다. (Kate)

→ ＿＿＿＿＿＿＿ ＿＿＿＿＿＿＿ ＿＿＿＿＿＿＿.

3 이 사람은 Bill이다. (Bill)

→ ＿＿＿＿＿＿＿ ＿＿＿＿＿＿＿ ＿＿＿＿＿＿＿.

4 이 방은 좋다. (room)

→ ＿＿＿＿＿＿＿ ＿＿＿＿＿＿＿ is good.

5 이것은 돼지입니다. (pig)

→ ＿＿＿＿＿＿＿ ＿＿＿＿＿＿＿ a ＿＿＿＿＿＿＿.

6 이 사람은 Brad이다. (Brad)

→ ＿＿＿＿＿＿＿ ＿＿＿＿＿＿＿ ＿＿＿＿＿＿＿.

7 이 자동차는 비싸다. (car)

→ ＿＿＿＿＿＿＿ ＿＿＿＿＿＿＿ is expensive.

8 이 사람은 Ashley이다. (Ashley)

→ ＿＿＿＿＿＿＿ ＿＿＿＿＿＿＿ ＿＿＿＿＿＿＿.

＊This is 뒤에 사람 이름이 오면 this 가 누구를 소개하는 의미로 '이 사람은 ~이다'라고 해석한다.

Words
good 좋은
pig 돼지
expensive 비싼

지시대명사 that, those

- that(저것), those(저것들)는 모두 멀리 있는 것을 가리킬 때 쓰는 말이다. that은 하나를 가리킬 때 쓰고, those는 여럿을 가리킬 때 쓴다.
- That is ~: 저것은 ~이다 / Those are ~: 저것들은 ~이다

다음 빈칸에 알맞은 말을 쓰세요.

1 저것은 탁자이다.
→ _____ _____ a table.

2 저것은 나무이다.
→ _____ _____ a tree.

3 저것들은 알들이다.
→ _____ _____ eggs.

4 저것들은 고양이들이다.
→ _____ _____ cats.

5 저것은 창문이다. (window)
→ _____ _____ a _____ .

6 저것들은 자전거들이다. (bike)
→ _____ _____ _____ .

7 저것은 탑이다. (tower)
→ _____ _____ a _____ .

8 저것들은 공들이다. (ball)
→ _____ _____ _____ .

*that은 is와 함께 쓰여 '저것은 ~이다'라는 뜻이며, those는 are와 함께 쓰여 '저것들은 ~이다'라는 뜻이다.

Words

tree 나무
window 창문
tower 탑

지시대명사 this, these

- this(이것), these(이것들)는 모두 가까이 있는 것을 가리킬 때 쓰는 말이다. this는 하나를 가리킬 때 쓰고, these는 여럿을 가리킬 때 쓴다.
- This is ~: 이것은 ~이다 / These are ~: 이것들은 ~이다

다음 빈칸에 알맞은 말을 쓰세요.

1 이것들은 의자들이다. (chair)

→ _____ _____ _____.

2 이것은 너의 집이다. (house)

→ _____ _____ your _____.

3 이것들은 멋진 가방들이다. (bag)

→ _____ _____ nice _____.

4 이것은 큰 새이다. (bird)

→ _____ _____ a big _____.

5 이것들은 나의 장난감들이다. (toy)

→ _____ _____ my _____.

6 이것들은 그녀의 편지들이다. (letter)

→ _____ _____ her _____.

7 이것은 낡은 트럭이다. (truck)

→ _____ _____ an old _____.

8 이것은 코끼리이다. (elephant)

→ _____ _____ an _____.

*this는 is가 함께 쓰여 '이것은 ~이다'라는 뜻이며, these는 are와 함께 쓰여 '이것들은 ~이다'라는 뜻이다.

Words

bag 가방
nice 좋은, 멋진
toy 장난감
letter 편지
truck 트럭

지시대명사의 의문문

- Is this ~?는 '이것은 ~이니?'라는 뜻으로 묻는 표현이다. is가 들어간 문장을 의문문으로 바꿀 때는 is를 문장의 맨 앞으로, 문장 끝에 물음표를 쓴다.
- Is this ~?는 This is ~와 마찬가지로 가까이 있는 사물 또는 사람에 대해 물을 때 쓰는 표현이고 멀리 있는 것을 물어볼 때는 Is that ~?이라고 한다.

다음 빈칸에 알맞은 말을 쓰세요.

1   이것은 독수리인가요?
    → _____ _____ an eagle?

2   이것은 거북인가요?
    → _____ _____ a turtle?

3   이것은 매우 작은가요?
    → _____ _____ very small?

4   이것은 파란색인가요?
    → _____ _____ blue?

5   이 사람이 그의 삼촌인가요?
    → _____ _____ his uncle?

6   이 사람이 그 젊은 남자인가요?
    → _____ _____ the young man?

7   저것은 원숭이인가요? (monkey)
    → _____ _____ a _____ ?

8   저 사람이 그녀의 선생님인가요? (teacher)
    → _____ _____ her _____ ?

*'~이니?'라고 물어보는 문장을 의문문이라고 한다.

Words

eagle 독수리
blue 파란색(의)
uncle 삼촌
young 젊은
monkey 원숭이

비인칭 주어 it

- 대명사 it은 '그것'이란 뜻이지만, it이 비인칭 주어 it으로 쓰일 경우에는 특별한 뜻없이 문장의 주어로 쓰인다.
- 계절이나 날씨, 시간, 거리 등을 나타내는 말들과 같이 쓰일 때 주어로 비인칭 주어 it을 쓰며 해석하지 않는다.

다음 빈칸에 알맞은 말을 쓰세요.

1 봄이다. (spring)

→ _____ is _____.

2 겨울이다. (winter)

→ _____ is _____.

3 (날씨가) 춥다. (cold)

→ _____ is _____.

4 (날씨가) 덥다. (hot)

→ _____ is _____.

5 (날씨가) 따뜻하다. (warm)

→ _____ _____ _____.

6 일요일이다. (Sunday)

→ _____ _____ _____.

7 (명암이) 어둡다. (dark)

→ _____ _____ _____.

8 (거리가) 멀다. (far)

→ _____ _____ _____.

*계절, 날씨, 시간, 거리 등의 주어로 사용되는 it을 비인칭 주어 it이라고 한다.

Words

spring 봄
winter 겨울
cold 추운
hot 더운
warm 따뜻한
summer 여름
dark 어두운
far (거리가) 먼

Memo

Chapter 03 be동사

1 be동사의 의미

주어의 동작이나 성질, 상태를 나태는 말이 동사인데, be동사는 성질이나 상태를 나타내 주는 동사이다. be동사에는 am, are, is가 있는데, 모두 '~이다', '~ 있다'라는 뜻이다.

2 be동사의 쓰임

be동사가 있는 문장은 '주어＋be동사＋명사/형용사' 또는 '주어＋be동사＋장소를 나타내는 말'의 순서로 쓴다. be동사 뒤에 오는 말에 따라서 be동사의 의미가 달라진다.

주어＋be동사＋명사(a student)/형용사(pretty).	~은 ~이다/~하다
주어＋be동사＋장소를 나타내는 말(in the room)	~은 ~에 있다

You are a student. 너는 학생이다.
She is pretty. 그녀는 예쁘다.
He is in the room. 그는 방에 있다.

＊주어가 인칭대명사가 아닌 단수명사이면 be동사 is와 함께 쓰고 복수명사가 올 경우에는 are와 함께 쓴다.

〈'대명사＋be동사'의 축약형〉
I am = I'm	We are = We're
You are = You're	He is = He's
She is = She's	It is = It's
They are = They're	That is = That's

＊This is는 축약해서 쓰지 않는다.

The man is kind. 그 남자는 친절하다.
The men are kind. 그 남자들은 친절하다.

3 셀 수 없는 명사＋be동사

셀 수 없는 명사는 단수로 취급하기 때문에 문장에서 be동사 is와 함께 쓰인다.

The cheese is yellow. 그 치즈는 노란색이다.
My favorite food is pizza. 내가 가장 좋아하는 음식은 피자이다.

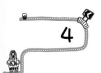

4 be동사의 부정문

be동사가 있는 문장의 부정문은 be동사 뒤에 not을 붙여서 만드는데, not은 '아니다'라는 뜻이다.

주어+be동사+not+~.	~은 ~이 아니다.(~은 ~에 있지 않다.)

I'm not short. 나는 키가 작지 않다.
You aren't a student. 너는 학생이 아니다.
He isn't in the room. 그는 방에 있지 않다.

〈'be동사+not'의 축약형〉
are not = aren't
is not = isn't
＊am not은 축약해서 쓰지 않는다.

5 be동사의 의문문

be동사가 있는 문장의 의문문은 be동사를 주어 앞에 쓰고 문장 끝에 물음표를 붙인다.

be동사+주어+~?	~은 ~이니?(~은 ~에 있니?)

대답은 Yes나 No로 하며 의문문의 주어와 대답의 주어가 달라지는 경우를 주의한다. 또한 부정의 대답에서는 be동사+not을 축약형으로 쓰며 긍정의 대답에서는 축약형을 쓰지 않는다.

긍정의 대답	Yes, 주어+be동사.
부정의 대답	No, 주어+be동사+not.

Am I short? 내가 작니?　　　　　　　　－ Yes, you are. / No, you aren't.
Are you a student? 너는 학생이니?　　　－ Yes, I am. / No, I'm not.
Is he in the room? 그는 방에 있니?　　　－ Yes, he is. / No, he isn't.

＊의문문의 주어와 대답의 주어가 달라지는 경우
　→ 1인칭으로 물어보면 2인칭으로 답한다.
　→ 2인칭으로 물어보면 1인칭으로 답한다.
　　(3인칭으로 물어보는 경우는 3인칭으로 답한다.)

Exercise 1

다음 문장을 축약형을 사용해 부정문으로 고쳐 쓰세요.

〈개념 다지기〉
4. be동사의 부정문

Words

Japan 일본
painting 그림
pianist 피아니스트
famous 유명한
classroom 교실

1　He is ten years old.

　→ _____

2　I am Amy.

　→ _____

3　He is my brother.

　→ _____

4　We are from Japan.

　→ _____

5　These paintings are beautiful.

　→ _____

6　You are a pianist.

　→ _____

7　They are my students.

　→ _____

8　That is Anna's house.

　→ _____

9　He is a famous singer.

　→ _____

10　She is in her classroom.

　→ _____

다음 주어진 문장을 지시대로 고쳐 쓰세요.

〈개념 다지기〉
5. be동사의 의문문

Words
kind 친절한
baseball player
야구 선수
quiet 조용한
free 한가한
handsome 잘생긴
cloudy
흐린, 구름이 낀
late 늦은

1 Your teacher is kind. (의문문)

→ _____

2 Are you baseball players? (평서문)

→ _____

3 Is he in the classroom? (평서문)

→ _____

4 These rooms are quiet. (의문문)

→ _____

5 You are free this afternoon. (의문문)

→ _____

6 Is this your school? (평서문)

→ _____

7 He is handsome. (의문문)

→ _____

8 Is his son a doctor? (평서문)

→ _____

9 It is cloudy. (의문문)

→ _____

10 Is he late for school? (평서문)

→ _____

be동사+형용사

- be동사(am, are, is) 뒤에 오는 말에 따라서 be동사의 의미가 달라진다.
- be동사 am, are, is는 뒤에 모양이나 상태를 나타내는 말(형용사)이 오면 '~하다'라는 뜻이다.

다음 빈칸에 알맞은 말을 쓰세요.

1 나는 슬프다.
→ _____ _____ sad.

2 그는 배가 고프다.
→ _____ _____ hungry.

3 우리들은 화가 난다.
→ _____ _____ angry.

4 그들은 매우 행복하다.
→ _____ _____ very happy.

5 그 돼지들은 슬프다. (sad)
→ The pigs _____ _____.

6 그 고양이들은 빠르다. (fast)
→ The cats _____ _____.

7 그들은 피곤하고 졸리다. (tired)
→ They _____ _____ and sleepy.

8 그녀는 매우 예쁘다. (pretty)
→ She _____ very _____.

*주어가 I(나는)이면 be동사 am과 함께 쓰이며, you, we, they이면 be동사 are와 함께 쓰인다. 또한 주어가 he, she, it이면 be동사 is와 함께 쓰인다.

Words

angry 화가 난
fast 빠른
tired 피곤한
sleepy 졸린
pretty 예쁜

- be동사 am, are, is 뒤에 직업이나 사물을 나타내는 말이 오면 '~이다'라는 뜻이다.
- be동사가 in(~ 안에), on(~ 위에), under(~ 아래에)처럼 장소를 나타내는 말과 같이 쓰일 경우에는 '~에 있다'라는 뜻이 된다.

다음 빈칸에 알맞은 말을 쓰세요.

1 우리는 의사들이다.
→ _____ _____ doctors.

2 그는 좋은 선생님이다.
→ _____ _____ a good teacher.

3 나는 경찰관이다.
→ _____ _____ a police officer.

4 그것들은 그 나무 아래에 있다.
→ _____ _____ _____ the tree.

5 우리들은 그 집 안에 있다.
→ _____ _____ _____ the house.

6 그것은 그 구멍 안에 있습니다.
→ _____ _____ _____ the hole.

7 그녀는 그 바위 위에 있다.
→ _____ _____ _____ the rock.

8 그것은 그 탁자 아래에 있다.
→ _____ _____ _____ the table.

*be동사는 주어에 따라 am, are, is가 사용되지만, 뜻은 모두 같다.

Words
police officer
경찰관
tree 나무
hole 구멍
rock 바위

3인칭 단수 주어+is

- 주어가 he, she, it이나 a ball, Jane처럼 하나를 나타내는 말들일 때 be동사 is와 함께 쓴다.
- He is는 He's로, She is는 She's로, It is는 It's로 줄여서 쓸 수 있다.

다음 빈칸에 알맞은 말을 쓰세요.

1 그것은 나의 책이다
  → _____ _____ my book.

2 그는 매우 슬프다.
  → _____ _____ very sad.

3 Cathy는 행복하다.
  → Cathy _____ _____ .

4 그 남자는 배가 부르다.
  → The man _____ _____ .

5 공 하나가 탁자 위에 있다.
  → A ball _____ _____ the table.

6 그녀는 배가 고프다.
  → _____ _____ _____ .

7 그는 친절한 의사이다.
  → _____ a kind _____ .

8 그녀는 매우 화가 난다.
  → _____ very _____ .

Words

full 배가 부른
man 남자
on ~ 위에

40·

대명사＋be동사의 축약형

- 대명사 주어와 be동사는 줄여서 축약형으로 쓸 수 있다. 단, This is는 This's로 줄여서 쓰지 않는다.
- I am → I'm, You are → You're, He is → He's, She is → She's, It is → It's,
  We are → We're, They are → They're

다음 빈칸에 알맞은 말을 쓰세요.

1 나는 똑똑하다.
   → I am clever. = _____ clever.

2 그녀는 행복하다.
   → She is happy. = _____ happy.

3 그는 슬프다.
   → He is sad. = _____ sad.

4 그들은 튼튼하다.
   → They are strong. = _____ strong.

5 너는 나쁘다.
   → You are bad. = _____ bad.

6 우리들은 매우 친절하다.
   → We are very kind. = _____ very kind.

7 그는 좋은 선생님이다.
   → He is a good teacher. = _____ a good teacher.

8 그것은 그 가방 안에 있다.
   → It is in the bag. = _____ in the bag.

＊I'm은 I am, You're
는 You are의 줄임
말이다.

Words

clever
똑똑한, 영리한
strong 튼튼한
bad 나쁜
good 좋은

be동사의 부정문

- am, are, is 뒤에 not을 붙이면 '~하지 않다, ~이 아니다'란 뜻이다.
- not은 '아니다'라는 의미로 부정문을 만들 때 사용하는데, 부정문은 주어+be동사+not의 순서로 쓴다.

다음 빈칸에 알맞은 말을 쓰세요.

1 나는 배가 고프지 않다.
→ I _____ _____ hungry.

2 너는 친절하지 않다.
→ You _____ _____ kind.

3 그는 튼튼하지 않다.
→ He _____ _____ strong.

4 우리는 슬프지 않다.
→ We _____ _____ sad.

5 그들은 행복하지 않다.
→ They _____ _____ happy.

6 그녀는 선생님이 아니다.
→ She _____ _____ a teacher.

7 그것들은 상자 안에 있지 않다.
→ They _____ _____ in the box.

8 그것은 곤충이 아니다.
→ It _____ _____ an insect.

*I am not: 나는 ~이 아니다(~하지 않다)
*You/We/They are not: 너는/우리는/그들은 ~이 아니다(~하지 않다)
*He/She/It is not: 그는/그녀는/그것은 ~이 아니다(~하지 않다)

Words
box 상자
insect 곤충

be동사+not의 축약형

- are not은 aren't로, is not은 isn't로 줄여서 나타낼 수 있다.
- I am not을 줄여서 쓸 때는 I amn't로 쓰지 않고 I'm not으로 쓴다.

예 I am not a doctor. = I'm not a doctor.

다음 빈칸에 알맞은 말을 쓰세요.

Words

sister 누나, 여동생
nurse 간호사
cook 요리사
under ~ 아래에
actor 배우

1 그것들은 공들이 아니다.
→ They _____ _____.

2 나는 그의 누나가 아니다.
→ _____ _____ his _____.

3 우리는 그 간호사들이 아니다.
→ We _____ the _____.

4 그녀는 키가 크지 않다.
→ She _____ _____.

5 나는 그 요리사가 아니다.
→ _____ _____ the cook.

6 그들은 그 학생들이 아니다.
→ They _____ the _____.

7 그것은 그 탁자 아래에 있지 않다.
→ It _____ _____ the table.

8 나는 좋은 배우가 아니다.
→ _____ _____ a good actor.

be동사의 의문문

- be동사 am, are, is가 있는 문장의 의문문은 주어(I, You, He, She, They 등)와 be동사의 자리를 바꾼 다음 문장 맨 끝에 물음표를 써 준다.
- be동사의 의문문은 be동사+주어+명사/형용사/장소를나타내는 말? 순서로 쓴다.

다음 빈칸에 알맞은 말을 쓰세요.

Words
sea 바다
player 운동선수
flower 꽃
designer 디자이너

1 그녀는 교실에 있나요?

→ _____ _____ in the classroom?

2 그것은 바다 속에 있나요?

→ _____ _____ in the sea?

3 너는 학생이니?

→ _____ _____ a student?

4 너희들은 운동선수들이니?

→ _____ _____ players?

5 그는 매우 행복한가요?

→ _____ _____ very happy?

6 그들은 그 방에 있나요?

→ _____ _____ in the room?

7 그것들은 그녀의 꽃들인가요?

→ _____ _____ her flowers?

8 그녀는 디자이너인가요?

→ _____ _____ a designer?

be동사 의문문의 대답 1

- Are you ~?, Are they ~?, Is he/she ~?로 물으면 Yes와 No를 사용하여 답한다. '예'이면 Yes를, '아니오'이면 No를 쓴다.
- 부정의 대답인 No 뒤에는 축약형을 사용하여 쓰는데, I am not은 I'm not으로 쓴다.

다음 빈칸에 알맞은 말을 쓰세요.

1 그들은 빠른가요? → _____ _____ fast?
- 네, 그들은 그래요. – Yes, _____ _____.
- 아니오, 그늘은 그렇지 않아요. – No, _____ _____.

2 그는 느린가요? → _____ _____ slow?
- 네, 그는 그래요. – Yes, _____ _____.
- 아니오, 그는 그렇지 않아요. – No, _____ _____.

3 너희들은 화가 나니? → _____ _____ angry?
- 네, 우리는 그래요. – Yes, _____ _____.
- 아니오, 우리는 그렇지 않아요. – No, _____ _____.

4 그는 제빵사인가요? → _____ _____ a baker?
- 네, 그는 그래요. – Yes, _____ _____.
- 아니오, 그는 그렇지 않아요. – No, _____ _____.

5 그들은 배가 고픈가요? → _____ _____ hungry?
- 네, 그들은 그래요. – Yes, _____ _____.
- 아니오, 그들은 그렇지 않아요. – No, _____ _____.

6 그녀는 시장에 있나요? → _____ _____ in the market?
- 네, 그녀는 그래요. – Yes, _____ _____.
- 아니오, 그녀는 그렇지 않아요. – No, _____ _____.

*긍정의 대답에서는 축약형을 쓰지 않는다.

Words
fast 빠른
slow 느린
baker 제빵사
market 시장

be동사 의문문의 대답 2

- be동사의 의문문의 대답은 Yes나 No로 하며, 질문의 주어와 대답의 주어가 달라질 수 있다.
- 1인칭으로 물으면 2인칭으로 답하고, 2인칭으로 물으면 1인칭으로 답한다. 3인칭은 질문과 대답의 주어가 같다.

  Are you a teacher? → (긍정) Yes, I am. / (부정) No, I'm not.

다음 빈칸에 알맞은 말을 쓰세요.

1 그들은 바쁜가요?   – 아니오, 그들은 그렇지 않아요.
   → Are they busy?   – _____, they _____.

2 당신은 키가 큰가요?   – 아니오, 나는 그렇지 않아요.
   → Are you tall?   – _____, I'm _____.

3 그녀가 공원에 있나요?   – 아니오, 그녀는 그렇지 않아요.
   → Is she in the park?   – _____, she _____.

4 그녀는 그의 여동생인가요?   – 네, 그녀는 그래요.
   → Is she his sister?   – _____, she _____.

5 그는 소방관인가요?   – 아니오, 그는 그렇지 않아요.
   → Is he a firefighter?   – _____, he _____.

6 그것들은 그녀의 귀걸이인가요? – 아니오, 그것들은 그렇지 않아요.
   → Are they her earrings? – _____, they _____.

7 그들은 그 사무실에 있나요?   – 네, 그들은 그래요.
   → Are they in the office? – _____, they _____.

8 그것들은 곤충들인가요?   – 아니오, 그것들은 그렇지 않아요.
   → Are they insects?   – _____, they _____.

＊대답은 Yes나 No로 하며 의문문의 주어와 대답의 주어가 달라지는 경우도 있으니 주의한다.

Words

busy 바쁜
park 공원
firefighter 소방관
earring 귀걸이

There is / There are

- There is ~, There are ~는 모두 '~이 있다'라는 뜻의 표현이다.
- There is + 하나를 나타내는 말 / There are + 둘 이상을 나타내는 말

다음 빈칸에 알맞은 말을 쓰세요.

1 그 숲 속에 곰 한 마리가 있다.

→ _____ _____ a bear in the woods.

2 그 모래 위에 게들이 있다.

→ _____ _____ crabs on the sand.

3 그 공원에 나무들이 있다.

→ _____ _____ trees in the park.

4 그 상자 안에 토끼 한 마리가 있다.

→ _____ _____ a rabbit in the box.

5 그 연못 속에 물고기 한 마리가 있다.

→ _____ _____ a fish in the pond.

6 그 나무 위에 새 한 마리가 있다.

→ _____ _____ a bird in the tree.

7 그 바구니 안에 사과들이 있다.

→ _____ _____ apples in the basket.

8 그 책 위에 연필들이 있다.

→ _____ _____ pencils on the book.

*There is 다음에는
단수명사가 오고
There are 다음에는
복수명사가 온다.

Words

crab 게
sand 모래
rabbit 토끼
pond 연못
basket 바구니

Chapter 04 일반동사

1 일반동사의 의미

동사에는 be동사와 일반동사가 있다. be동사는 주어의 성질이나 상태를 나타내는 동사이고 일반동사는 주어의 동작을 나타낸다.

일반동사: go, have, read, sleep, study, run, play, like, walk, wash 등

I read books. 나는 책을 읽는다.

2 일반동사의 형태

일반동사는 주어에 따라서 모양이 바뀐다. 주어가 1, 2인칭이거나 복수일 때는 일반동사의 원래 형태를 쓰고, he, she, it처럼 주어가 3인칭 단수일 때는 일반동사 뒤에 -(e)s를 붙인다.

① 주어가 1, 2인칭이거나 복수일 때

I like bananas. 나는 바나나를 좋아한다. / You run very fast. 너는 매우 빨리 달린다.

We watch TV after dinner. 우리는 저녁식사 후에 TV를 본다.

② 주어가 3인칭 단수일 때

He likes bananas. 그는 바나나를 좋아한다.

〈3인칭 단수형 만드는 법〉　＊주어가 3인칭 단수일 때 대부분의 동사는 규칙에 의해 바뀐다.

대부분의 동사	-s를 붙인다.	come → comes, start → starts, choose → chooses
-o, -x, -s, -sh, -ch로 끝나는 동사	-es를 붙인다.	kiss → kisses, wash → washes, teach → teaches, mix → mixes, go → goes, do → does
자음+y로 끝나는 동사	y를 i로 바꾸고 -es를 붙인다.	study → studies, carry → carries
모음+y로 끝나는 동사	-s를 붙인다.	say → says, play → plays

＊have의 3인칭 단수형 동사는 has임에 유의한다.

Peter has lunch. Peter는 점심을 먹는다.

3 일반동사의 부정문

일반동사의 부정문은 일반동사 앞에 don't나 doesn't를 붙인다. 주어가 1, 2인칭이거나 복수일 때는 don't를 붙이고, 3인칭 단수일 때는 doesn't를 붙인다. don't와 doesn't 뒤에는 항상 동사의 원래 형태인 동사원형을 쓴다.

＊don't/doesn't+일반동사의 원형 → ～하지 않다

＊don't는 do not의, doesn't는 does not의 축약형이다

They have breakfast. 그들은 아침을 먹는다.
→ They don't have breakfast. 그들은 아침을 먹지 않는다.
She comes early. 그녀는 일찍 온다.
→ She doesn't come early. 그녀는 일찍 오지 않는다.

4 일반동사의 의문문

일반동사 문장의 의문문은 주어 앞에 Do나 Does를 붙이고 문장 끝에 물음표를 붙인다. 주어가 1, 2인칭, 복수일 때는 Do를 붙이고 3인칭 단수일 때는 Does를 붙인다.

1, 2인칭, 복수 주어	Do+주어+동사원형 ～?
3인칭 단수 주어	Does+주어+동사원형 ～?

대답은 긍정이면 Yes, 부정이면 No로 하고, do와 does를 사용하여 대답한다.
→ 긍정일 때: Yes, 주어 do/does. / 부정일 때: No, 주어 don't/doesn't.

A: Do you like milk? 당신은 우유를 좋아합니까?
B: Yes, I do. / No, I don't.

A: Does he live in Korea? 그는 한국에 살고 있습니까?
B: Yes, he does. / No, he doesn't.

Exercise 1

다음 주어진 일반동사의 3인칭 단수형을 쓰세요.

1	finish	→ _____
2	cry	→ _____
3	buy	→ _____
4	do	→ _____
5	go	→ _____
6	watch	→ _____
7	teach	→ _____
8	say	→ _____
9	have	→ _____
10	play	→ _____
11	catch	→ _____
12	stop	→ _____
13	take	→ _____
14	write	→ _____
15	push	→ _____
16	study	→ _____

〈개념 다지기〉

2. 일반동사의 형태

Words

finish 끝내다
cry 울다
watch 보다
catch 잡다
write 쓰다
push 밀다

Exercise 2

다음 문장을 지시대로 바꾸어 쓰세요.

〈개념 다지기〉
3. 일반동사의 부정문
4. 일반동사의 의문문

Words

hospital 병원
secret 비밀
purse 지갑
get up 일어나다
vegetable 야채
shine 빛나다
noise 소음

1 She goes to the hospital. (의문문)
→ _____

2 You know my secret. (부정문)
→ _____

3 The boy has five robots. (의문문)
→ _____

4 The girl wants a pretty purse. (의문문)
→ _____

5 She gets up at 7:30. (부정문)
→ _____

6 Maria plays the piano well. (의문문)
→ _____

7 Susie hates vegetables. (부정문)
→ _____

8 They arrive late. (의문문)
→ _____

9 The stars shine at night. (의문문)
→ _____

10 The student makes a noise. (부정문)
→ _____

I like+좋아하는 것

- I like는 '나는 ~을(를) 좋아하다'의 뜻으로 like 뒤에 'Brian, Amy, apples, toys' 등 좋아하는 것의 이름을 쓴다.
- I like 뒤에 인칭대명사가 올 경우에는 목적격이 와야 한다.

다음 빈칸에 알맞은 말을 쓰세요.

1 나는 너를 좋아한다. (you)
→ I like _____.

2 나는 Mark를 좋아한다. (Mark)
→ I like _____.

3 나는 레몬들을 좋아한다. (lemon)
→ _____ _____ _____.

4 나는 영화들을 좋아한다. (movie)
→ _____ _____ _____.

5 나는 원숭이들을 좋아한다. (monkey)
→ _____ _____ _____.

6 나는 Jenny를 좋아한다. (Jenny)
→ _____ _____ _____.

7 나는 고양이들을 좋아한다. (cat)
→ _____ _____ _____.

8 나는 포도들을 좋아한다. (grape)
→ _____ _____ _____.

*인칭대명사의 목적격에는 me, you, him, her, its, them, our가 있다.

Words
lemon 레몬
movie 영화
monkey 원숭이
grape 포도

주어+일반동사

- 주어가 I나 We, You, They일 때 주어 다음에 work(일하다), sing(노래하다), run(달리다)과 같은 일반동사가 올 경우에는 be동사 am, are, is를 쓰지 않는다.

  예 They sing. (○) They are sing. (×) They sing are. (×)

다음 빈칸에 알맞은 말을 쓰세요.

1   너희들은 책들을 읽는다. (read)

→ _____ _____ books.

2   우리는 축구를 한다. (play)

→ _____ _____ soccer.

3   나는 소파에 앉는다. (sit)

→ _____ _____ on the sofa.

4   그들은 우유를 마신다. (drink)

→ _____ _____ milk.

5   나는 교실에서 노래한다. (sing)

→ _____ _____ in the classroom.

6   너는 사무실에서 일한다. (work)

→ _____ _____ in the office.

7   그들은 집으로 달린다. (run)

→ _____ _____ to the house.

8   그들은 방에서 잔다. (sleep)

→ _____ _____ in the room.

*be동사는 주어의 성질이나 상태를 나타내고, 일반동사는 주어의 동작을 나타낸다.

Words

read 읽다
soccer 축구
sit 앉다
office 사무실
sleep 자다

3인칭 단수 주어+일반동사

- 문장에서 주어가 she, he, it, Tom, My brother처럼 3인칭 단수인 경우에는 일반동사 work를 쓰지 않고 works를 쓴다.
- 동사원형에 -s나 -es를 붙여 나타내는 것을 일반동사의 3인칭 단수형이라고 한다.

다음 빈칸에 알맞은 말을 쓰세요.

Words

come 오다
hard 열심히
dinner 저녁 식사
swim 수영하다
homework 숙제

1 그 선생님은 그들을 사랑한다. (love)
   → The _____ _____ them.

2 그녀는 집에 온다. (come)
   → _____ _____ home.

3 그는 열심히 일한다. (work)
   → _____ _____ hard.

4 나의 남동생은 피아노를 연주한다. (play)
   → My _____ _____ the piano.

5 그녀는 저녁을 만든다. (make)
   → _____ _____ dinner.

6 Tom은 그 강에서 수영한다. (swim)
   → _____ _____ in the river.

7 Jenny는 TV를 본다. (watch)
   → _____ _____ TV.

8 그 소녀는 그녀의 숙제를 끝마친다. (finish)
   → The _____ _____ her homework.

일반동사의 3인칭 단수형

- 주어가 3인칭 단수일 때는 동사에 -s나 -es를 붙여 준다. go처럼 -o로 끝나는 경우는 -es를 붙인다.
- 문장에서 주어가 I, you, we, they 등이나 여럿을 나타내는 말일 때는 동사 뒤에 -s나 -es를 붙이지 않고 동사원형 그대로 쓴다.

다음 빈칸에 알맞은 말을 쓰세요.

* 동사원형: 사전을 찾으면 나오는 동사 원래의 모습

Words
park 공원
museum 박물관

1 Peter는 책들을 산다. (buy)

→ _____ _____ books.

2 그들은 책들을 산다. (buy)

→ _____ _____ books.

3 나는 그 공원으로 달린다. (run)

→ _____ _____ to the park.

4 Jamie는 그 공원으로 달린다. (run)

→ _____ _____ to the park.

5 그녀는 그 박물관에 간다. (go)

→ _____ _____ to the museum.

6 우리는 그 박물관에 간다. (go)

→ _____ _____ to the museum.

7 그 새들은 나무에 앉아 있다. (sit)

→ The _____ _____ in the tree.

8 그 새는 나무에 앉아 있다. (sit)

→ The _____ _____ in the tree.

have − has

- have는 '~을 가지고 있다'라는 뜻이다.
- 주어가 I, you, we, they일 때는 주어 다음에 have를 쓰고, 주어가 she, he, it이나 Paul처럼 3인칭 단수형일 때는 have가 아닌 has를 쓴다.

다음 빈칸에 알맞은 말을 쓰세요.

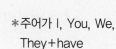

1 우리는 황소들을 가지고 있다.

→ _____ _____ oxen.

2 나는 커다란 트럭 한 대를 가지고 있다.

→ _____ _____ a big truck.

3 그녀는 멋진 침대를 가지고 있다.

→ _____ _____ a nice bed.

4 나는 작은 코를 가지고 있다.

→ _____ _____ a small nose.

5 나의 오빠는 두꺼운 책들을 가지고 있다.

→ My _____ _____ thick books.

6 그들은 좋은 친구들을 가지고 있다.

→ _____ _____ good friends.

7 Amy는 두 마리의 고양이를 가지고 있다.

→ _____ _____ two cats.

8 그는 싼 자동차를 가지고 있다.

→ _____ _____ an cheap car.

* 주어가 I, You, We, They+have
* 주어가 3인칭 단수인 He, It, Paul(사람 이름)+has

Words

ox 황소
truck 트럭
nose 코
thick 두꺼운
cheap (값이) 싼

일반동사의 부정문 1  Grammar Drill 034

- be동사가 있는 문장은 be동사 뒤에 not을 넣어 부정문을 만들지만, 일반동사가 있는 문장은 don't를 사용하여 부정문을 만든다.
- don't는 '~하지 않다'라는 뜻으로 주어가 I, you, we, they나 여럿을 나타내는 말일 때 쓴다.

다음 빈칸에 알맞은 말을 쓰세요.

1 그들은 셔츠들을 사지 않는다. (buy)
→ They _____ _____ shirts.

2 너는 컴퓨터를 사용하지 않는다. (use)
→ You _____ _____ a computer.

3 나는 오렌지들을 먹지 않는다. (eat)
→ I _____ _____ oranges.

4 우리는 바다에서 수영하지 않는다. (swim)
→ We _____ _____ in the sea.

5 나는 그 사무실에서 일하지 않는다. (work)
→ I _____ _____ in the office.

6 저 사람들은 달리지 않는다. (run)
→ Those people _____ _____.

7 그 여자들은 차를 운전하지 않는다. (drive)
→ The women _____ _____ a car.

8 Lisa와 나는 커피를 마시지 않는다. (drink)
→ Lisa and I _____ _____ coffee.

*don't는 do+not의 축약형이다.

Words
shirt 셔츠
use 사용하다
people 사람들
drive 운전하다
coffee 커피

- 주어가 3인칭 단수인 문장을 부정문으로 만들 때는 don't가 아닌 doesn't를 사용한다.
- 주어가 3인칭 단수인 문장은 동사 뒤에 -s나 -es가 붙지만, doesn't를 사용하여 부정문을 만들 때는 doesn't 다음에 항상 동사원형을 써야 한다.

다음 빈칸에 알맞은 말을 쓰세요.

1 Paul은 그 방에서 잠자지 않는다. (sleep)
→ Paul _____ _____ in the room.

2 그것은 하늘에서 날지 않는다. (fly)
→ It _____ _____ in the sky.

3 그녀는 그 옷을 만들지 않는다. (make)
→ She _____ _____ the clothes.

4 그 소년은 그 강에서 수영하지 않는다. (swim)
→ The boy _____ _____ in the river.

5 Brian은 저녁을 먹지 않는다. (eat)
→ Brian _____ _____ dinner.

6 그는 여기에 오지 않는다. (come)
→ He _____ _____ here.

7 나의 누나는 Jack을 좋아하지 않는다. (like)
→ My sister _____ _____ Jack.

8 그 어린이는 축구를 하지 않는다. (play)
→ The child _____ _____ soccer.

*doesn't는 does +not의 축약형 으로 뒤에는 동사 원형이 온다.

Words
sky 하늘
clothes 옷
here 여기에
child 어린이

don't/doesn't+동사원형

- 일반동사가 있는 문장의 부정문은 don't나 doesn't를 사용하여 만드는데, 뒤에는 동사원형이 온다.
- 주어(I, you, we, they와 여럿을 나타내는 말)+don't
  주어(he, she, it이나 한 사람 또는 하나를 나타내는 말)+doesn't

다음 빈칸에 알맞은 말을 쓰세요.

1 그의 말은 자라지 않는다. (grow)
   → His horse ＿＿＿＿＿＿ ＿＿＿＿＿＿ .

2 그것들은 자라지 않는다. (grow)
   → They ＿＿＿＿＿＿ ＿＿＿＿＿＿ .

3 그는 책들을 가지고 있지 않다. (have)
   → He ＿＿＿＿＿＿ ＿＿＿＿＿＿ books.

4 나는 책들을 가지고 있지 않다. (have)
   → I ＿＿＿＿＿＿ ＿＿＿＿＿＿ books.

5 그녀는 Paul을 좋아하지 않는다. (like)
   → She ＿＿＿＿＿＿ ＿＿＿＿＿＿ Paul.

6 우리는 Billy를 좋아하지 않는다. (like)
   → We ＿＿＿＿＿＿ ＿＿＿＿＿＿ Billy.

7 Jane은 주스를 마시지 않는다. (drink)
   → Jane ＿＿＿＿＿＿ ＿＿＿＿＿＿ juice.

8 그 어린이들은 우유를 마시지 않는다. (drink)
   → The children ＿＿＿＿＿＿ ＿＿＿＿＿＿ milk.

*don't와 doesn't는 '~하지 않다'라는 부정문을 나타낼 때 쓰인다.

Words

horse 말
grow 자라다
juice 주스

Do you like ~?

- Do you like ~?는 '~을 좋아하니?'라고 좋아하는지 물어볼 때 쓴다.
- like 뒤에 사물이나 동물의 이름이 나올 때는 cats, books처럼 여럿을 나타내는 말이 와야 한다.
- like 뒤에 milk, water처럼 셀 수 없는 명사가 올 경우에는 단수형을 쓴다.

다음 빈칸에 알맞은 말을 쓰세요.

Words
tiger 호랑이
pancake 팬케이크
bread 빵

1 너는 고양이들을 좋아하니? (cat)
→ Do you _____ _____?

2 너는 개들을 좋아하니? (dog)
→ Do you _____ _____?

3 너는 포도들을 좋아하니? (grape)
→ _____ _____ _____ _____?

4 너는 커피를 좋아하니? (coffee)
→ _____ _____ _____ _____?

5 너는 호랑이들을 좋아하니? (tiger)
→ _____ _____ _____ _____?

6 너는 팬케이크들을 좋아하니? (pancake)
→ _____ _____ _____ _____?

7 너는 빵을 좋아하니? (bread)
→ _____ _____ _____ _____?

8 너는 우유 좋아하니? (milk)
→ _____ _____ _____ _____?

일반동사 의문문

- Do 또는 Does로 물어보면 Yes나 No로 대답한다.
- 대답에서 Yes 다음에는 주어에 따라 do나 does를 쓰고 '네, ~는 그래요.'라는 뜻이다. No 다음에는 don't나 doesn't를 쓰고 '아니오, ~는 그렇지 않아요.'라는 뜻이다.

다음 빈칸에 알맞은 말을 쓰세요.

1 그녀는 그녀의 엄마를 돕나요? → _____ she help her mom?
  – 네, 그녀는 그래요. – Yes, _____ _____.
  – 아니오, 그녀는 그렇지 않아요. – No, _____ _____.

2 John은 그의 집을 찾나요? → _____ John find his house?
  – 네, 그는 그래요. – Yes, _____ _____.
  – 아니오, 그는 그렇지 않아요. – No, _____ _____.

3 그들은 사과들을 먹나요? → _____ they eat apples?
  – 네, 그들은 그래요. – Yes, _____ _____.
  – 아니오, 그들은 그렇지 않아요. – No, _____ _____.

4 너희들은 그 연들을 날리니? → _____ you fly the kites?
  – 네, 우리는 그래요. – Yes, _____ _____.
  – 아니오, 우리는 그렇지 않아요. – No, _____ _____.

5 그는 너를 사랑하니? → _____ he love you?
  – 네, 그는 그래요. – Yes, _____ _____.
  – 아니오, 그는 그렇지 않아요. – No, _____ _____.

6 그들은 수학을 공부하니? → _____ they study math?
  – 네, 그들은 그래요. – Yes, _____ _____.
  – 아니오, 그들은 그렇지 않아요. – No, _____ _____.

*Do로 물으면 do나 don't로 답을 하고, Does로 물으면 does나 doesn't로 답을 한다.

Words
help 돕다
kite 연
study 공부하다
math 수학

일반동사 look

- look은 '보다'라는 뜻을 가진 동사인데 뒤에 happy, sad, hungry, angry 같은 상태를 나타내는 말이 오면 '~처럼 보이다'라는 뜻이다.
  - 예 They look at the flowers. 그들은 그 꽃들을 본다.
  - They look hungry. 그들은 배가 고파 보인다.

다음 빈칸에 알맞은 말을 쓰세요.

1 당신은 나빠 보인다. (bad)
→ You _____ _____.

2 당신은 슬퍼 보인다. (sad)
→ You _____ _____.

3 그녀는 화가 나 보인다. (angry)
→ She _____ _____.

4 당신은 배가 고파 보인다. (hungry)
→ You _____ _____.

5 그들은 행복해 보인다. (happy)
→ They _____ _____.

6 그들은 튼튼해 보인다. (strong)
→ They _____ _____.

7 그는 친절해 보인다. (kind)
→ He _____ _____.

8 그들은 배가 부르게 보인다. (full)
→ They _____ _____.

Words
hungry 배가 고픈
full 배가 부른

일반동사 have

- have는 '~을 가지고 있다'라는 뜻의 동사인데, have 뒤에 음식이나 식사가 오면 '먹다'라는 뜻이다.
  예 I have a toy car. 나는 장난감 차를 가지고 있다.
  I have dinner. 나는 저녁을 먹는다.

다음 빈칸에 알맞은 말을 쓰세요.

Words

cookie 쿠키
doll 인형
lunch 점심 식사
delicious 맛있는

1 너는 공들을 가지고 있다.
   → _____ _____ balls.

2 그녀는 쿠키들을 먹는다.
   → _____ _____ cookies.

3 그들은 인형들을 가지고 있다.
   → _____ _____ dolls.

4 나는 연필들을 가지고 있다.
   → _____ _____ pencils.

5 그들은 점심을 먹는다.
   → _____ _____ lunch.

6 우리는 멋진 소파를 가지고 있다.
   → _____ _____ a nice sofa.

7 너는 맛있는 피자를 먹는다.
   → _____ _____ delicious pizza.

8 그는 그 컴퓨터를 가지고 있다.
   → _____ _____ the computer.

go to+사람/사물

- go to 뒤에 사람이나 사물이 오면 '~에게(~로) 가다'라는 뜻이다.
- 주어에 따라서 go 또는 goes를 쓰며 to 뒤에는 어디로 가는지 또는 누구에게 가는지를 쓴다.

다음 빈칸에 알맞은 말을 쓰세요.

1 그들은 그 남자에게 간다.
→ They _____ _____ the _____ .

2 그들은 그 강으로 간다.
→ They _____ _____ the _____ .

3 우리는 그 집으로 간다.
→ We _____ _____ the _____ .

4 그 소녀는 그 나무로 간다.
→ The girl _____ _____ the _____ .

5 그녀는 그 공원으로 간다.
→ She _____ _____ the _____ .

6 너는 Thomas에게 간다.
→ You _____ _____ _____ .

7 그는 그 여자에게 간다.
→ He _____ _____ the _____ .

8 그들은 Alice에게로 간다.
→ They _____ _____ _____ .

*go to+사람[사물]
→ ~에게(~로) 가
다

Words

river 강
woman 여자

64·

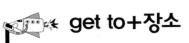 **get to+장소**

- get to는 '~에 도착하다'라는 뜻으로 도착지를 나타낼 때 쓴다.
- get to 뒤에는 장소를 나타내는 말을 쓴다.

다음 빈칸에 알맞은 말을 쓰세요.

Words

king 왕
castle 성
library 도서관
tower 탑
gallery 미술관
airport 공항

1   그 남자는 바다에 도착한다. (sea)

→ The man _____ _____ the _____.

2   그 왕은 그 성에 도착한다. (castle)

→ The king _____ _____ the _____.

3   그의 친구들은 그의 집에 도착한다. (house)

→ His friends _____ _____ his _____.

4   그 학생들은 그 도서관에 도착한다. (library)

→ The students _____ _____ the _____.

5   그 여자는 그 탑에 도착한다. (tower)

→ The woman _____ _____ the _____.

6   그들은 그 미술관에 도착한다. (gallery)

→ They _____ _____ the _____.

7   Peter는 그 공항에 도착한다. (airport)

→ Peter _____ _____ the _____.

8   우리는 그 운동장에 도착한다. (playground)

→ We _____ _____ the _____.

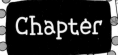

Chapter 05

형용사와 부사

1 형용사와 부사의 의미

형용사는 명사를 꾸미는 말로 명사의 상태, 성질, 색 등을 나타내는 말이다. 부사는 동사, 형용사, 다른 부사를 꾸미는 말로 시간, 장소, 방법 등을 나타낸다.

I have a red skirt. 나는 빨간색 치마를 가지고 있다. [형용사]

He runs fast. 그는 빨리 달린다. [부사]

2 형용사의 종류

① 지시형용사: this, that, these, those

② 수량형용사: 수를 나타내는 형용사는 셀 수 있는 명사를 꾸미고, 양을 나타내는 형용사는 셀 수 없는 명사를 꾸민다.

수를 나타내는 형용사	many 많은, a few 조금의, few 거의 없는
양을 나타내는 형용사	much 많은, a little 적은, little 거의 없는
수와 양 모두 나타내는 형용사	a lot of 많은(=lots of), some / any 약간의

③ 성질을 나타내는 형용사: beautiful, red, blue, old, kind, young, rich, cold, smart, busy 등

3 부사의 종류

① 형용사+ly 부사: kind 친절한 – kindly 친절하게, slow 느린 – slowly 느리게,
quick 빠른 – quickly 빠르게, careful 조심스러운 – carefully 조심스럽게,
happy 행복한 – happily 행복하게, easy 쉬운 – easily 쉽게

＊명사+ly는 형용사이다. friend 친구 – friendly 친절한, love 사랑 – lovely 사랑스러운

② 형용사와 형태가 같은 부사: early, late, high, low, fast, long, wrong, well(건강한/잘),
pretty(예쁜/꽤), hard(근면한/열심히) ＊hardly(거의 ~아니다), lately 최근에

③ 빈도부사: 얼마나 자주인지 빈도를 나타내는 부사이다.

　　　always(항상), usually(보통), often(종종), sometimes(때때로), never(결코 ~아닌)

 **4　형용사의 위치**

① '형용사+명사'로 명사 앞에서 명사를 꾸며 준다.

　– 형용사가 여러 개일 때: '지시형용사+수량형용사+성질형용사+명사'의 순서로 쓴다.

　I have these many beautiful paintings. 나는 이 많은 아름다운 그림들을 가지고 있다.
　　　　　지시형용사 수량형용사　성질형용사

　– 명사 앞에 관사나 소유격을 붙일 때: '관사/소유격/지시형용사+형용사+명사'의 순으로 쓴
　　다. 단, 관사, 소유격, 지시형용사는 동시에 쓰지 못한다.

　　my a big house (✕) → my big house, a big house

　– 'a/an+형용사+명사'에서는 형용사의 첫 소리에 따라 a나 an을 쓴다.

　　an apple, a green apple, a house, an old house

② 동사 뒤에서 주어의 성질이나 상태를 설명해 준다.

　This paintings are beautiful. 이 그림은 아름답다.

 **5　부사의 위치**

① 형용사나 다른 부사를 꾸며 주는 경우: 그 형용사나 부사 앞에 위치한다.

　She is very happy. 그녀는 매우 행복하다.

② 동사를 꾸며 주는 경우: 그 동사의 뒤에 위치한다.

　He walks slowly. 그는 천천히 걷는다.

③ 문장 전체를 꾸며 주는 경우: 보통 문장의 맨 앞에 위치한다.

　Suddenly she falls down. 갑자기 그녀는 넘어진다.

④ 빈도부사는 be동사나 조동사 뒤에, 일반동사 앞에 위치한다.

　I usually get up early in the morning. 나는 보통 아침 일찍 일어난다.

　She is always kind. 그녀는 항상 친절하다.

Exercise 1

다음 빈칸에 반대의 뜻을 가진 형용사를 쓰세요.

1 young   → _____
2 big   → _____
3 tall   → _____
4 expensive   → _____
5 easy   → _____
6 rich   → _____
7 full   → _____
8 weak   → _____
9 fast   → _____
10 hot   → _____

<개념 다지기>
2. 형용사의 종류

Words
difficult 어려운
poor 가난한
weak 약한
hot 더운
cold 추운

Exercise 2

다음 주어진 형용사의 부사를 쓰세요.

1 late   → _____
2 slow   → _____
3 quick   → _____
4 full   → _____
5 early   → _____
6 kind   → _____
7 angry   → _____
8 sweet   → _____
9 happy   → _____
10 fast   → _____

<개념 다지기>
3. 부사의 종류

Words
late 늦은
slow 느린, 천천히
quick 빠른, 신속한
early 이른, 일찍
sweet 달콤한

Exercise 3

다음 괄호 안에서 알맞은 것을 고르세요.

〈개념 다지기〉
1. 형용사와 부사의 의미
2. 형용사의 종류

Words

smile 웃다, 미소(를) 짓다
slove 풀다
problem 문제
now 지금
wrong 잘못된
again 다시
loud 큰

1   He is (a few, never) late for school.

2   She reads the book (slow, slowly).

3   The movie is (pretty, prettily) scared.

4   My mom and dad smile (happy, happily).

5   The students solve the problem (easy, easily).

6   The birds fly (high, highly) in the sky.

7   The taxi runs very (fast, fastly).

8   I eat food (full, fully) now.

9   She (always, a lot of) has breakfast.

10   Listen to your teacher (careful, carefully).

11   He plays computer games (good, well).

12   He answered (wrong, wrongly) again.

13   My grandma speaks (loud, loudly).

14   He studies science (hard, hardly).

15   I get up (early, earlily) in the morning.

16   I arrived at school (late, lately).

be동사+형용사

• big(큰), strong(튼튼한), good(좋은), happy(행복한)와 같은 형용사는 be동사 am, are, is 뒤에 써서
주어의 크기나 상태, 감정 등을 나타낸다.

다음 빈칸에 알맞은 말을 쓰세요.

Words
fence 울타리
toy car 장난감 차
beautiful 아름다운

1   그 코끼리는 크다. (big)
→ The elephant ＿＿＿＿＿＿ ＿＿＿＿＿＿.

2   그들은 행복하다. (happy)
→ They ＿＿＿＿＿＿ ＿＿＿＿＿＿.

3   그 집은 좋다. (good)
→ The house ＿＿＿＿＿＿ ＿＿＿＿＿＿.

4   그는 매우 배가 고프다. (hungry)
→ He ＿＿＿＿＿＿ very ＿＿＿＿＿＿.

5   그 울타리는 튼튼하다. (strong)
→ The fence ＿＿＿＿＿＿ ＿＿＿＿＿＿.

6   그 장난감 차들은 비싸다. (expensive)
→ The toy cars ＿＿＿＿＿＿ ＿＿＿＿＿＿.

7   그 의사들은 친절하다. (kind)
→ The doctors ＿＿＿＿＿＿ ＿＿＿＿＿＿.

8   그 꽃은 아름답다. (beautiful)
→ The flower ＿＿＿＿＿＿ ＿＿＿＿＿＿.

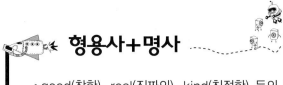 

형용사+명사

• good(착한), real(진짜의), kind(친절한) 등의 형용사는 boy(소년), person(사람), car(자동차)와 같은 명사 앞에서 명사를 꾸며주고 명사의 상태나 성질 등을 나타낸다.

다음 빈칸에 알맞은 말을 쓰세요.

Words
real 진짜의
clever 똑똑한
stupid 어리석은
new 새로운

1 이제 넌 진짜 소녀이다. (real)
→ Now you are a _____ _____.

2 너는 똑똑한 소년이다. (clever)
→ You are a _____ _____.

3 너는 행복한 사람이다. (happy)
→ You are a _____ _____.

4 너는 어리석은 호랑이다. (stupid)
→ You are a _____ _____.

5 그녀는 친절한 여자이다. (kind)
→ She is a _____ _____.

6 우리는 키가 큰 남자들이다. (tall)
→ We are _____ _____.

7 이것은 빨간 사과이다. (red)
→ This is a _____ _____.

8 그것들은 새 자동차들이다. (new)
→ They are _____ _____.

형용사 little

- little은 '작은'이라는 뜻으로 모양을 나타내기도 하고 '거의 없는'이란 뜻으로 수량을 나타내기도 한다.
- little의 뜻은 문장에서 의미로 파악해야 한다.

다음 빈칸에 알맞은 말을 쓰세요.

Words
see 보다
money 돈
gold 금
food 음식
salt 소금

1 작은 집이 있다.
→ There is a ＿＿＿＿＿＿ ＿＿＿＿＿＿.

2 그들은 나무에 앉아 있는 작은 새를 본다.
→ They see a ＿＿＿＿＿＿ ＿＿＿＿＿＿ in the tree.

3 그녀는 우유를 거의 마시지 않다.
→ She drinks ＿＿＿＿＿＿ ＿＿＿＿＿＿.

4 그녀는 돈이 거의 없다.
→ She has ＿＿＿＿＿＿ ＿＿＿＿＿＿.

5 우리는 금이 거의 없다.
→ We have ＿＿＿＿＿＿ ＿＿＿＿＿＿.

6 그들은 작은 개를 가지고 있다.
→ They have ＿＿＿＿＿＿ ＿＿＿＿＿＿.

7 그 아이들은 음식이 거의 없다.
→ The children have ＿＿＿＿＿＿ ＿＿＿＿＿＿.

8 그 사람들은 소금이 거의 없다.
→ The people have ＿＿＿＿＿＿ ＿＿＿＿＿＿.

We are all ~.

- all은 '모두'라는 뜻으로 We are all은 '우리는 모두 ~이다'라는 뜻이다.
- 문장에서 all 뒤에는 여럿을 나타내는 복수명사가 와야 한다.

다음 빈칸에 알맞은 말을 쓰세요.

Words
actor 배우
animal 동물
singer 가수

1 우리는 모두 배우들이다.
→ We are _____ _____.

2 그것들은 모두 동물들이다.
→ They are _____ _____.

3 너희들은 모두 곤충들이다.
→ They are _____ _____.

4 그것들은 모두 책들이다.
→ They are _____ _____.

5 우리는 모두 가수들이다.
→ We _____ _____ _____.

6 그것들은 모두 토끼들이다.
→ They _____ _____ _____.

7 우리는 모두 학생들이다.
→ We _____ _____ _____.

8 그것들은 모두 자동차들이다.
→ They _____ _____ _____.

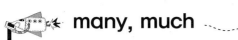

many, much

- many는 '많은'이란 뜻으로 그 뒤에는 people, books, ants처럼 여럿을 나타내는 복수명사가 오며 be동사는 are를 쓴다.
- much는 '많은'이란 뜻으로 그 뒤에는 food, money, gas처럼 셀 수 없는 명사가 오며 be동사는 is를 쓴다.

다음 빈칸에 알맞은 말을 쓰세요.

Words
scared 무서운
eagle 독수리
shark 상어
pocket 주머니

1 많은 새들이 무서워한다.
→ ＿＿＿＿＿＿＿ ＿＿＿＿＿＿ are scared.

2 많은 동물들이 배고프다.
→ ＿＿＿＿＿＿＿ ＿＿＿＿＿＿ are hungry.

3 나는 집에 많은 음식이 없다.
→ I don't have ＿＿＿＿＿＿ ＿＿＿＿＿＿ at home.

4 많은 독수리들이 하늘에 있다.
→ ＿＿＿＿＿＿＿ ＿＿＿＿＿＿ are in the sky.

5 많은 상어들이 바다에 있다.
→ ＿＿＿＿＿＿＿ ＿＿＿＿＿＿ are in the sea.

6 나는 주머니에 많은 돈이 없다.
→ I don't have ＿＿＿＿＿＿ ＿＿＿＿＿＿ in my pocket.

7 많은 책들이 내 책상 위에 있다.
→ ＿＿＿＿＿＿＿ ＿＿＿＿＿＿ are on my desk.

8 많은 개들이 그 집 안에 있다.
→ ＿＿＿＿＿＿＿ ＿＿＿＿＿＿ are in the house.

부사 very

- very(매우, 아주)는 happy, hungry, sad 등과 같이 상태나 big, long, short 등 크기를 나타내는 형용사 앞에서 의미를 강조할 때 쓴다.

다음 빈칸에 알맞은 말을 쓰세요.

Words
rope 줄
duck 오리
busy 바쁜
cute 귀여운
puppy 강아지

1 그는 매우 행복하다.
→ He is _____ happy.

2 나는 매우 배고프다.
→ I _____ _____ hungry.

3 그 줄은 매우 짧다.
→ The rope _____ _____ _____.

4 그 오리는 아주 크다.
→ The duck _____ _____ _____.

5 너는 아주 바쁘다.
→ _____ _____ _____ busy.

6 그들은 아주 슬프다.
→ _____ _____ _____ sad.

7 그 선생님은 매우 친절하다.
→ The _____ _____ _____ _____.

8 그 소년은 매우 귀여운 강아지가 있다.
→ The _____ has a _____ _____ puppy.

too, either

- too는 '~도 또한'이란 뜻으로 상대방의 말에 동의할 때 쓴다.
- too 앞의 문장은 not이 없는 긍정의 뜻을 가진 문장이어야 한다. 문장이 부정문일 때는 too가 아닌 either(~도 또한)를 사용한다.
- too는 문장에 따라서 '매우, 아주'라는 뜻으로도 쓰인다.

다음 빈칸에 알맞은 말을 쓰세요.

Words
sick 아픈
today 오늘

1 나도 또한 배고프다.

→ I'm hungry, _____.

2 그들도 또한 공원에서 달린다.

→ They run in the park, _____.

3 그녀도 또한 매우 아프다.

→ She is very sick, _____.

4 우리는 오늘 매우 기분이 좋다.

→ We are _____ happy today.

5 우리도 또한 화가 난다.

→ We are angry, _____.

6 너도 또한 아름답다.

→ You are beautiful, _____.

7 나도 또한 아주 무섭다.

→ I'm very scared, _____.

8 Peter는 갈 수 없고 나도 또한 갈 수 없다.

→ Peter can't go and I can't go, _____.

빈도부사의 위치

Grammar Drill 050

- always(항상), usually(보통), often(자주, 종종), sometimes(가끔, 때때로), never(결코, 전혀 ~ 아닌)는 횟수나 빈도를 나타내는 표현으로 빈도부사라고 한다.
- 빈도부사는 일반동사 앞에, be동사와 조동사 뒤에 위치한다.

다음 빈칸에 알맞은 말을 쓰세요.

1 그들은 결코 다시는 돌아오지 않는다.
   → They _____ come back.

2 그 의사는 항상 친절하다.
   → The doctor is _____ kind.

3 그의 아내는 보통 그들에게 좋게 한다.
   → His wife is _____ good to them.

4 우리는 종종 그에 대해서 듣는다.
   → We _____ hear about him.

5 그들은 때때로 Cathy에게 간다.
   → They _____ go to Cathy.

6 그녀는 자주 피곤하고 졸리다.
   → She is _____ tired and sleepy.

7 그는 항상 아침에 일찍 일어난다.
   → He _____ gets up early in the morning.

8 그는 때때로 회의에 늦는다.
   → He is _____ late for a meeting.

Words

back 뒤로
wife 부인
hear 듣다
meeting 회의

Chapter 06 비교급과 최상급

1 비교급과 최상급의 의미

형용사나 부사를 이용해 말할 때, '～보다 더 크다'처럼 비교급으로 말하거나 '～ 중에 가장 ～하다'처럼 최상급으로 말할 수 있다. 비교급은 비교 대상이 두 개일 때, 최상급은 비교 대상이 세 개이상일 때 사용한다.

Tom is taller than Jane. Tom은 Jane보다 더 키가 크다.
Tom is the tallest of all. Tom은 모두 중에서 가장 크다.

2 비교급과 최상급 만드는 법

대부분의 형용사나 부사는 원급에 -er을 붙여 비교급을, -est을 붙여 최상급을 만든다.

〈규칙 변화〉

	비교급(최상급)	원급	비교급(더 ～한)	최상급(가장 ～한)
대부분의 형용사, 부사	+-er(-est)	tall 키가 큰 fast 빠른 old 늙은	taller faster older	tallest fastest oldest
-e로 끝나는 단어	+-r(-st)	large 큰 cute 귀여운 wise 현명한	larger cuter wiser	largest cutest wisest
모음1개+자음1개로 끝나는 단어	마지막 자음+-er(-est)	hot 뜨거운 big 큰 fat 뚱뚱한	hotter bigger fatter	hottest biggest fattest
-y로 끝나는 단어	y를 i로 바꾸고, -er(-est)	happy 행복한 easy 쉬운 busy 바쁜	happier easier busier	happiest easiest busiest
3음절 이상 단어	more(most)+	beautiful 아름다운 popular 인기 있는 interesting 재미있는	more beautiful more popular more interesting	most beautiful most popular most interesting

〈불규칙 변화〉

원급	비교급	최상급
good, well 좋은, 잘	better	best
bad, ill 나쁜	worse	worst
many, much 많은	more	most
little 적은, 작은	less	least

3 비교하는 문장

① 비교급+than: ~보다 더 ~한

The elephant is bigger than the hippo. 코끼리는 하마보다 더 크다.

Roy runs faster than Mike. Roy는 Mike보다 더 빨리 달린다.

② as 원급 as: ~만큼 ~한

Ann is as tall as John. Ann은 John만큼 키가 크다.

Ann is not as tall as Tom. Ann은 Tom만큼 키가 크지 않다.

(= Tom is taller than Ann.)

4 최상급 문장

최상급 앞에는 the를 쓰고 뒤에는 비교 범위나 비교 대상을 쓴다.

주어+동사	the 최상급(+명사)	in+비교 범위 of+비교 대상

This is the oldest building in the city. 이것이 그 도시에서 가장 오래된 건물이다.

He is the youngest in the town. 그가 그 마을에서 가장 어리다.

She is the busiest woman of the five. 그녀는 다섯 중에 가장 바쁜 여자이다.

Tony is the tallest of the three. Tony는 셋 중에 가장 키가 크다.

Exercise 1

다음 괄호 안에서 형용사나 부사의 비교급과 최상급을 고르세요.

1 ill – (iller, worse) – (illest, worst)

2 little – (littler, less) – (littlest, least)

3 short – (shorter, shortter) – (shortest, shorttest)

4 thin – (thiner, thinner) – (thinest, thinnest)

5 old – (older, more old) – (oldest, most old)

6 difficult – (difficulter, more difficult) –
  (difficultest, most difficult)

7 much – (mucher, more) – (muchest, most)

8 big – (biger, bigger) – (bigest, biggest)

9 well – (weller, better) – (wellest, best)

10 many – (more many, more) – (most many, most)

11 hot – (hoter, hotter) – (hotest, hottest)

12 popular – (popularer, more popular) –
   (popularest, most popular)

13 wise – (wiser, more wise) – (wisest, more wise)

14 good – (gooder, better) – (goodest, best)

15 easy – (easyer, easier) – (easyest, easiest)

16 bad – (bader, worse) – (badest, worst)

<개념 다지기>
2. 비교급과 최상급
  만드든 법

Words

ill 병든, 나쁜
difficult 어려운
many 많은
popular
인기 있는
wise 현명한
easy 쉬운

Exercise 2

다음 형용사나 부사의 비교급과 최상급을 쓰세요.

1 tall　　　　　–　_____　–　_____

2 well　　　　–　_____　–　_____

3 hot　　　　 –　_____　–　_____

4 interesting　–　_____　–　_____

5 ill　　　　　–　_____　–　_____

6 pretty　　　–　_____　–　_____

7 much　　　 –　_____　–　_____

8 smart　　　–　_____　–　_____

9 old　　　　–　_____　–　_____

10 bad　　　 –　_____　–　_____

11 large　　　–　_____　–　_____

12 little　　　–　_____　–　_____

13 fat　　　　–　_____　–　_____

14 thin　　　 –　_____　–　_____

15 busy　　　–　_____　–　_____

16 good　　　–　_____　–　_____

〈개념 다지기〉

2. 비교급과 최상급 만
　드는 법

Words

interesting
흥미있는

pretty 예쁜

smart 잘난, 영리한

large 넓은, 큰

busy 바쁜

형용사의 비교급

- old(나이가 든), weak(약한), poor(가난한)를 '더 ~한'이라는 뜻으로 쓸 때는, 단어 끝에 -er을 붙여서 older, weaker, poorer라고 쓴다.
- good(좋은, 착한)이 better(더 좋은, 더 착한)로 되는 것처럼 모습이 완전히 바뀌는 단어들도 있다.
  예 bad(나쁜) - worse(더 나쁜)

다음 빈칸에 알맞은 말을 쓰세요.

1 그들은 더 가난하다. (poor)
   → They are _____.

2 저 개가 더 좋다. (good)
   → That dog is _____.

3 이 새로운 램프가 더 나쁘다. (bad)
   → This new lamp is _____.

4 저 사람이 더 약하다. (weak)
   → That man is _____.

5 그 남자가 더 나이가 많다. (old)
   → The man is _____.

6 너의 그림이 더 좋아 보인다. (good)
   → Your painting looks _____.

7 그 여자가 키가 더 크다. (tall)
   → The woman is _____.

8 이 연필이 더 짧다. (short)
   → This pencil is _____.

*대부분의 형용사는 원급에 -er를 붙여 비교급을 만든다.

Words
lamp 램프
painting 그림
woman 여자

more＋형용사 → 비교급 · Grammar Drill 052

- '더 ~한'(비교급)을 나타낼 때 보통 형용사 뒤에 -er을 붙인다. 그런데 단어가 3음절 이상으로 길어지면 -er을 붙이지 않고 단어 앞에 more를 붙인다.
- more를 붙이는 단어: beautiful, useful, dangerous, popular, expensive 등

다음 빈칸에 알맞은 말을 쓰세요.

1 그녀는 더 아름답게 된다. (beautiful)
  → She becomes _____ _____.

2 그 소년은 호기심이 더 많다. (curious)
  → The boy is _____ _____.

3 이 전쟁은 더 위험하다. (dangerous)
  → This war is _____ _____.

4 그 공주는 더 매력적으로 보인다. (attractive)
  → The princess looks _____ _____.

5 그 가수는 더 유명하다. (famous)
  → The singer is _____ _____.

6 이 상자가 더 쓸모 있다. (useful)
  → This box is _____ _____.

7 이 노래는 더 인기가 있다. (popular)
  → This song is _____ _____.

8 그 주스는 더 값이 비싸다. (expensive)
  → The juice is _____ _____.

Words

become ~이 되다
curious 호기심이 강한
war 전쟁
dangerous 위험한
attractive 매력적인
famous 유명한
useful 유용한

83

비교급+than

- than은 '더 ~한'이라는 뜻으로 비교급 뒤에 쓰이며 '…보다'라는 뜻의 비교를 나타낼 때 쓰인다.
- 비교급+than: ~보다 더 ~한

다음 빈칸에 알맞은 말을 쓰세요.

1 그는 나의 아버지보다 더 약하다. (weak)
→ He is ＿＿＿＿＿＿ ＿＿＿＿＿＿ my father.

2 그 그림은 내 것보다 더 오래됐다. (old)
→ The painting is ＿＿＿＿＿＿ ＿＿＿＿＿＿ mine.

3 나의 공은 네 것보다 더 좋다. (good)
→ My ball is ＿＿＿＿＿＿ ＿＿＿＿＿＿ yours.

4 이 램프는 저것보다 더 싸다. (cheap)
→ This lamp is ＿＿＿＿＿＿ ＿＿＿＿＿＿ that.

5 그 남자는 나보다 더 가난하다. (poor)
→ The man is ＿＿＿＿＿＿ ＿＿＿＿＿＿ me.

6 이 집은 저것보다 더 강하다. (strong)
→ This house is ＿＿＿＿＿＿ ＿＿＿＿＿＿ that.

7 Jane은 Brian보다 더 크다. (tall)
→ Jane is ＿＿＿＿＿＿ ＿＿＿＿＿＿ Brian.

8 나의 엄마는 아빠보다 더 어리다. (young)
→ My mom is ＿＿＿＿＿＿ ＿＿＿＿＿＿ my dad.

＊ '더 ~한'이라는 비교급과 than은 짝꿍처럼 쓰이는 경우가 많다.

Words

mine 나의 것
yours 너의 것
cheap (값이) 싼

less+형용사/명사

- less는 '보다 적게, 보다 덜'이란 뜻으로 보다 적은 양을 나타낼 때 쓰인다.
- less 뒤에는 clever, old, dangerous와 같은 형용사나 meat, milk, cake, coffee와 같은 명사가 올 수 있다.

다음 빈칸에 알맞은 말을 쓰세요.

1 나는 고기를 덜 먹는다. (meat)
   → I eat _____ _____.

2 그는 덜 영리하다. (clever)
   → He is _____ _____.

3 그 의자는 덜 낡았다. (old)
   → The chair is _____ _____.

4 이 장소는 덜 위험하다. (dangerous)
   → This place is _____ _____.

5 그 가방은 덜 비싸다. (expensive)
   → The bag is _____ _____.

6 우리는 우유를 덜 마신다. (milk)
   → We drink _____ _____.

7 그들은 케이크를 덜 먹는다. (cake)
   → They eat _____ _____.

8 나의 어머니는 커피를 덜 마신다. (coffee)
   → My mother drinks _____ _____.

*less가 있는 문장의 해석은 그 뒤에 오는 표현에 알맞게 해 준다.

Words
meat 고기
place 장소
eat 먹다

형용사의 최상급

- '가장 ~한'이라고 할 때, oldest나 tallest처럼 보통 단어 뒤에 -est를 붙여 나타낸다.
- difficult나 famous처럼 단어가 긴 경우에는 단어 앞에 most를 붙여서 '가장 ~한'이란 뜻을 나타낸다.

다음 빈칸에 알맞은 말을 쓰세요.

1 그녀는 가장 젊은 회원이다.
→ She is the _____ member.

2 그것들은 가장 인기 있는 그림들이다.
→ They are the _____ _____ paintings.

3 나의 할아버지는 서울에서 가장 나이 많은 남자이다.
→ My grandpa is the _____ man in Seoul.

4 그녀는 이 마을에서 가장 아름다운 소녀이다.
→ She is the _____ _____ girl in this town.

5 이것은 가장 값이 비싼 빌딩이다.
→ This is the _____ _____ building.

6 이 문제가 가장 어렵다.
→ The problem is the _____ _____.

7 Tony는 셋 중에서 키가 가장 작다.
→ Tony is the _____ of the three.

8 사자는 동물원에서 가장 강한 동물이다.
→ A lion is the _____ animal in the zoo.

*보통 형용사의 최상급 앞에는 정관사 the를 붙인다.

Words

member 회원
town 마을
building 빌딩
problem 문제
zoo 동물원

 **the closest ... to**

- close(가까운)처럼 형용사에 -est를 붙이면 '가장 ~한'이란 뜻으로 최상급을 나타내는 말이 된다.
- to는 '~쪽으로'라는 뜻으로 the closest ... to는 '…에서 가장 가까운'이라고 해석한다.

다음 빈칸에 알맞은 말을 쓰세요.

Words

church 교회
restaurant 식당
mountain 산
station 역
country 나라

1   이곳은 나의 집에서 가장 가까운 교회이다.
   → This is _____ _____ _____ _____ my house.

2   이곳은 너의 집에서 가장 가까운 식당이다.
   → This is _____ _____ _____ _____ your house.

3   이곳은 나의 마을에서 가장 가까운 산이다.
   → This is _____ _____ _____ _____ my town.

4   이곳은 우리 학교에서 가장 가까운 강이다.
   → This is _____ _____ _____ _____ our school.

5   이곳은 그의 정원에서 가장 가까운 궁전이다.
   → This is _____ _____ _____ _____ his garden.

6   이곳은 우리 나라에서 가장 가까운 바다이다.
   → This is _____ _____ _____ _____ our country.

7   이곳은 그녀의 집에서 가장 가까운 공원이다.
   → This is _____ _____ _____ _____ her house.

8   이곳은 그 박물관에서 가장 가까운 역이다.
   → This is _____ _____ _____ _____ the museum.

as+형용사/부사+as

- as ~ as는 '…만큼 ~한, …처럼 ~한'의 뜻이다.
- 처음의 as 다음에는 형용사나 부사가 오고, 뒤의 as 다음에는 비교하는 대상이 온다.

다음 빈칸에 알맞은 말을 쓰세요.

1 저 남자는 저 여자만큼 나이가 많다. (old)
  → That man is _____ _____ _____ that woman.

2 이 연필은 저 연필만큼 길다. (long)
  → This pencil is _____ _____ _____ that pencil.

3 Peter는 Jack만큼 키가 크다. (tall)
  → Peter is _____ _____ _____ Jack.

4 나의 남동생은 배우만큼 인기가 많다. (popular)
  → My brother is _____ _____ _____ an actor.

5 Tom은 Judy만큼 영리하다. (smart)
  → Tom is _____ _____ _____ Judy.

6 이 사과는 저 오렌지만큼 달다. (sweet)
  → This apple is _____ _____ _____ that orange.

7 이 개는 저 고양이만큼 무겁다. (heavy)
  → This dog is _____ _____ _____ that cat.

8 Jake는 그의 형만큼 용감하다. (brave)
  → Jake is _____ _____ _____ his brother.

*as 형용사/부사(원급) as: ~만큼 ~한

Words
sweet 달콤한
heavy 무거운
brave 용감한

(will) get better

- get better는 '더 좋아지다'라는 의미의 표현이다. 앞에 will이 붙으면 앞으로 일어날 일을 나타내므로 '더 좋아질 것이다'라고 해석한다.
- will은 '~일 것이다'라는 뜻으로 미래의 일을 나타낼 때 쓴다.

다음 빈칸에 알맞은 말을 쓰세요.

1 그는 더 좋아질 것이다.
   → He ＿＿＿＿＿ ＿＿＿＿＿ ＿＿＿＿＿.

2 그 아픈 개는 더 좋아질 것이다.
   → The sick dog ＿＿＿＿＿ ＿＿＿＿＿ ＿＿＿＿＿.

3 나의 여동생은 더 좋아진다.
   → My sister ＿＿＿＿＿ ＿＿＿＿＿.

4 나의 할아버지는 더 좋아질 것이다.
   → My grandfather ＿＿＿＿＿ ＿＿＿＿＿ ＿＿＿＿＿.

5 그 공주는 더 좋아질 것이다.
   → The princess ＿＿＿＿＿ ＿＿＿＿＿ ＿＿＿＿＿.

6 그 여자는 더 좋아진다.
   → The woman ＿＿＿＿＿ ＿＿＿＿＿.

7 그의 그림들은 더 좋아질 것이다.
   → His paintings ＿＿＿＿＿ ＿＿＿＿＿ ＿＿＿＿＿.

8 그 사람들은 더 좋아질 것이다.
   → The people ＿＿＿＿＿ ＿＿＿＿＿ ＿＿＿＿＿.

*will get better 문장에서는 주어가 3인칭 단수일지라도 will이나 get에 -s를 붙이지 않는다.

Words
sick 아픈
princess 공주
people 사람들

Chapter 07 조동사

1 조동사의 의미

동사 앞에서 동사의 의미를 도와주는 동사를 조동사라고 한다. 조동사는 동사를 도와 '~할 수 있다', '~할 것이다'와 같은 가능이나 미래, 추측 등의 의미를 나타낸다.

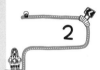

2 조동사의 종류

① will: ~일 것이다(미래)

She will be 14 years old next year. 그녀는 내년에 14살이 될 것이다.

② can: ~할 수 있다(가능, 능력), ~해도 되다(허락)

He can pass the exam. 그는 시험에 합격할 수 있다.

= He is able to pass the exam.

Can I open the door? 문을 열어도 되니?

> *가능, 능력의 can은 be able to로 바꾸어 쓸 수 있다.

③ may: ~해도 되다(허락), ~일지도 모르다(약한 추측)

May I use your phone? 네 전화기를 사용해도 될까?

She may be late. 그녀는 늦을지도 모른다.

④ must: ~해야 한다(의무), ~임에 틀림없다(강한 추측)

I must go now. = I have to go now. 나는 지금 가야 한다.

He must be sick. 그는 아픈 것이 틀림없다.

> *의무의 must는 have to로 바꾸어 쓸 수 있다.

He must not go there. 그는 거기에 가서는 안 된다.(금지)

You don't have to[need not] go there. 너는 거기에 갈 필요가 없다.(불필요)

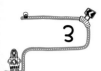

3 조동사의 특징

① 조동사는 동사 앞에 온다.

She can dance. 그는 춤을 출 수 있다.

② 조동사 뒤에는 항상 동사원형이 온다.

He will play soccer. 그녀는 축구를 할 것이다.   plays (×)

③ 두 개의 조동사를 연속으로 사용할 수 없다.

He will can finish the work tomorrow. (×)

He will be able to finish the work tomorrow. (○)

그는 내일 그 일을 마칠 수 있을 것이다.

④ 조동사의 부정문은 조동사 뒤에 not을 붙인다.

She cannot dance. (부정문) 그녀는 춤을 출 수 없다.

⑤ 조동사의 의문문은 조동사를 주어 앞에 쓰고 문장 뒤에 물음표를 붙인다.

Can she dance? (의문문) – Yes, she can.(긍정) / No, she can't.(부정)

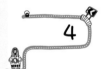

4 미래형 문장

동사 앞에 조동사 will을 써서 미래형 문장을 쓴다. 부정문은 will 뒤에 not을 붙이고, 의문문은 will을 주어 앞에 쓴다. will은 be going to로 바꾸어 쓸 수 있다.

[평서문] It will rain tomorrow. 내일 비가 올 것이다.

It is going to rain tomorrow.

[부정문] It won't[will not] rain tomorrow. 내일 비가 오지 않을 것이다.

It isn't going to rain tomorrow.

[의문문] Will it rain tomorrow? 내일 비가 올 것입니까? – Yes, it will. / No, it won't.

Is it going to rain tomorrow? – Yes, it is. / No, it isn't.

＊객관적인 사실을 말할 때는 be going to를 쓰지 않는다.

I will be nine years old next year. (○) 내년에 9살이 될 것이다.

I am going to be nine years old. (×)

Exercise 1

다음 우리말 뜻에 해당하는 조동사를 쓰세요.

1   ~할 수 있다   –   _____

2   ~해야 한다   –   _____

3   ~일 것이다   –   _____

4   ~임에 틀림없다   –   _____

5   ~일지도 모르다   –   _____

6   ~해도 되다   –   _____

7   ~할 것이다   –   _____

〈개념 다지기〉
2. 조동사의 종류

Exercise 2

다음 괄호 안에 알맞은 것에 고르세요.

1   I will (study, studies) math.

2   She must (do, does) her homework.

3   The boy can (play, plays) the guitar.

4   He (stay, stays) in his room.

5   She will (start, starts) soon.

6   Adam (want, wants) the fresh apples.

7   My son can (ride, rides) a bike.

8   My sister and I must (go, goes) now.

9   I will (visit, visits) my grandfather.

10   She may (be, is) sick.

〈개념 다지기〉
3. 조동사의 특징

Words

guitar 기타
soon 곧
fresh 신선한
grandfather
할아버지

Exercise 3

다음 괄호 안의 말을 넣어 문장을 다시 쓰세요.

1 My friend and I leave this town. (will)
→ _____

2 The girl plays the piano. (can)
→ _____

3 The man swims in the sea. (be able to)
→ _____

4 Jane meets her mom. (be going to)
→ _____

5 You speak English. (can)
→ _____

6 She sees a doctor. (have to)
→ _____

7 Her brother makes model planes. (be able to)
→ _____

8 Mike is in his office. (may)
→ _____

9 My parents have dinner together. (be going to)
→ _____

10 They are close friends. (must)
→ _____

〈개념 다지기〉
3. 조동사의 특징
4. 미래형 문장

Words
leave 떠나다
meet 만나다
speak 말하다
plane 비행기
together 함께
close 친한

93

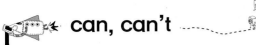 **can, can't**

- can은 '~할 수 있다'라는 뜻으로 뒤에는 동사원형만 올 수 있다.
- can't는 cannot의 축약형으로 '~할 수 없다'라는 뜻이다. can't 뒤에도 can과 마찬가지로 동사원형만 쓸 수 있다.

다음 빈칸에 알맞은 말을 쓰세요.

1 그 거인은 밖으로 나올 수 있다.
→ The giant _____ come out.

2 나는 거기서 그녀를 만날 수 없다.
→ I _____ meet her there.

3 그는 그 일을 끝마칠 수 있다.
→ He _____ finish the work.

4 우리는 집에서 피자를 먹을 수 없다.
→ We _____ eat pizza at home.

5 그는 저녁을 만들 수 없다.
→ He _____ make dinner.

6 그들은 지금 집에 갈 수 없다.
→ They _____ go home now.

7 우리는 그 시험에 합격할 수 있다.
→ We _____ pass the exam.

8 너는 도망갈 수 없다.
→ You _____ run away.

*can+동사원형 →
~할 수 있다(가능)

Words
giant 거인
work 일, 업무
exam 시험

Can I ~?

- can은 '~ 할 수 있다'의 뜻이지만, Can I ~?로 물으면 '내가 ~해도 될까요?'라고 허락을 구할 때 쓰는 말이다.
- Can I 다음에는 동사원형이 온다.

다음 빈칸에 알맞은 말을 쓰세요.

1 내가 그녀와 놀아도 되나요? (play)
→ ＿＿＿＿ ＿＿＿＿ ＿＿＿＿ with her?

2 내가 그 보석들을 가져도 되나요? (get)
→ ＿＿＿＿ ＿＿＿＿ ＿＿＿＿ the jewels?

3 내가 그 피자를 먹어도 되나요? (eat)
→ ＿＿＿＿ ＿＿＿＿ ＿＿＿＿ the pizza?

4 내가 그 창문을 열어도 되나요? (open)
→ ＿＿＿＿ ＿＿＿＿ ＿＿＿＿ the window?

5 내가 당신을 방문해도 되나요? (visit)
→ ＿＿＿＿ ＿＿＿＿ ＿＿＿＿ your house?

6 내가 그 문을 닫아도 되나요? (close)
→ ＿＿＿＿ ＿＿＿＿ ＿＿＿＿ the door?

7 내가 그 파티에 가도 되나요? (go)
→ ＿＿＿＿ ＿＿＿＿ ＿＿＿＿ to the party?

8 내가 컴퓨터를 사용해요 되나요? (use)
→ ＿＿＿＿ ＿＿＿＿ ＿＿＿＿ the computer?

Words
jewel 보석
open 열다
party 파티
use 사용하다

Grammar Drill 060

Can you ~?

- Can I~?가 내가 무엇을 해도 되는지 허락을 구하는 표현이라면 Can you ~?는 '너는 ~해 줄 수 있니?'라는 뜻으로 상대방에게 해 달라고 부탁하는 표현이다.
- Can you 다음에는 동사원형이 온다.

다음 빈칸에 알맞은 말을 쓰세요.

Words

ghost 유령
candy 사탕
lend 빌려주다
tonight 오늘밤
clean 청소하다

1 너는 유령에 대해 그들에게 말해 줄 수 있니? (tell)

→ _____ _____ _____ them about ghosts?

2 너는 나에게 많은 사탕을 줄 수 있니? (give)

→ _____ _____ _____ me many candies?

3 너는 노래를 불러 줄 수 있니? (sing)

→ _____ _____ _____ a song?

4 너는 그를 위해 저녁을 만들어 줄 수 있니? (make)

→ _____ _____ _____ dinner for him?

5 너는 내게 그 책을 보여줄 수 있니? (show)

→ _____ _____ _____ me the book?

6 너는 내게 지우개를 빌려줄 수 있니? (lend)

→ _____ _____ _____ lend me an eraser?

7 너는 오늘밤에 차를 운전할 수 있니? (drive)

→ _____ _____ _____ a car tonight?

8 너는 지금 방을 청소할 수 있니? (clean)

→ _____ _____ _____ the room now?

96·

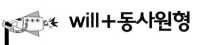 **will+동사원형**

- will은 '~할 것이다'라는 뜻으로 미래에 할 일이나 계획을 나타낼 때 사용하며 뒤에는 동사원형이 와야 한다.
- be동사(am, are, is)가 will 다음에 올 때 be로 바뀌는 것에 주의한다.

다음 빈칸에 알맞은 말을 쓰세요.

*will+동사원형 →
~할 것이다(미래에
할 일)

Words

win 이기다
prize 상
lawyer 변호사

1 나는 그의 그림들을 볼 것이다. (see)
   → I ＿＿＿＿＿ ＿＿＿＿＿ his paintings.

2 그들은 행복할 것이다. (are)
   → They ＿＿＿＿＿ ＿＿＿＿＿ happy.

3 Amy는 좋은 의사가 될 것입니다. (is)
   → Amy ＿＿＿＿＿ ＿＿＿＿＿ a good doctor.

4 그 남자는 그 상을 탈 것이다. (win)
   → The man ＿＿＿＿＿ ＿＿＿＿＿ the prize.

5 나의 친구는 이 마을을 떠날 것이다. (leave)
   → My friend ＿＿＿＿＿ ＿＿＿＿＿ this town.

6 나는 변호사가 될 것이다. (am)
   → I ＿＿＿＿＿ ＿＿＿＿＿ a lawyer.

7 그들은 거기서 자전거들을 탈 것이다. (ride)
   → They ＿＿＿＿＿ ＿＿＿＿＿ bikes there.

8 그녀의 남동생은 모형 비행기들을 만들 것이다. (make)
   → Her brother ＿＿＿＿＿ ＿＿＿＿＿ model planes.

- be going to는 '~할 것이다'의 뜻으로 조동사 will처럼 앞으로 하고자 하는 계획에 대해 말할 때 쓰는 표현이다.
- be동사는 주어에 따라 am, are, is를 구분해서 쓰고 to 뒤에는 동사원형이 와야 한다.

다음 빈칸에 알맞은 말을 쓰세요.

1 나는 자동차를 운전할 것이다.
→ I _____ _____ _____ drive a car.

2 그녀는 여기서 일을 할 것이다.
→ She _____ _____ _____ work here.

3 우리는 피자를 먹을 것이다.
→ We _____ _____ _____ eat pizza.

4 너는 나를 도와줄 것이다.
→ You _____ _____ _____ help me.

5 그 늑대는 잠을 잘 것이다.
→ The wolf _____ _____ _____ sleep.

6 내일 비가 올 것이다.
→ It _____ _____ _____ rain tomorrow.

7 그 소녀는 피아노를 연주할 것이다.
→ The girl _____ _____ _____ play the piano.

8 나는 친구들과 함께 축구를 할 것이다.
→ I _____ _____ _____ play soccer with friends.

*객관적인 사실을 나타낼 때는 will을 be going to로 바꾸어 쓸 수 없다.

Words
help 돕다
wolf 늑대
rain 비가 오다
soccer 축구

 **I will의 축약형**

- I'll은 I will의 축약형으로 I will을 줄일 때는 어퍼스트로피(')를 이용한다.
- I'll=I will, You'll=You will, He'll=He will, She'll=She will, It'll=It will, We'll=We will, They'll=They will

다음 빈칸에 알맞은 말을 쓰세요.

Words

grow 자라다
soon 곧
seed 씨앗
plant 심다
hill 언덕
next 다음의

1 우리는 빵을 먹을 것이다.
→ _____ eat bread.

2 그들은 곧 자랄 것이다.
→ _____ grow soon.

3 그것은 그 남자의 집 안으로 날아갈 것이다.
→ _____ fly into the man's house.

4 그는 약간의 음식을 우리에게 줄 것이다.
→ _____ give some food to us.

5 너는 그 씨앗들을 심을 것이다.
→ _____ plant the seeds.

6 그녀는 치킨을 요리할 것이다.
→ _____ cook chicken.

7 우리는 언덕에서 연들을 날릴 것이다.
→ _____ fly kites on the hill.

8 나는 다음 주에 캠핑을 갈 것이다.
→ _____ go camping next week.

Will you ~?

- '너는 ~해 주겠니?'라고 표현할 때는 Will you ~?를 사용하여 나타낸다.
- Will you 뒤에는 동사원형이 와야 한다.

다음 빈칸에 알맞은 말을 쓰세요.

Words
buy 사다
cook 요리하다
match 성냥
gift 선물
letter 편지

1 너는 그 가방을 그녀에게 가져다 주겠니? (carry)
→ _____ _____ _____ the bag to her?

2 너는 우리 집에 와 주겠니? (come)
→ _____ _____ _____ to my house?

3 너는 이 책을 사겠니? (buy)
→ _____ _____ _____ this book?

4 너는 그것을 나에게 주겠니? (give)
→ _____ _____ _____ it to me?

5 너는 그 음식을 요리해 주겠지? (cook)
→ _____ _____ _____ the food?

6 너는 성냥을 팔겠니? (sell)
→ _____ _____ _____ matches?

7 너는 나에게 그 선물을 보여 주겠지? (show)
→ _____ _____ _____ the gift to me?

8 너는 그녀에게 편지를 쓰겠지? (write)
→ _____ _____ _____ a letter to her?

Will not의 축약형

- won't는 '~하지 않을 것이다'라는 뜻으로 will not의 축약형이다.
- won't 다음에는 will과 마찬가지로 동사원형이 와야 한다.

다음 빈칸에 알맞은 말을 쓰세요.

1 나는 그것을 팔지 않을 것이다.
→ I _____ _____ it.

2 그녀는 밖으로 나오지 않을 것이다.
→ She _____ _____ out.

3 우리는 거기에 가지 않을 것이다.
→ We _____ _____ there.

4 그들은 다시는 늦지 않을 것이다.
→ They _____ _____ late again.

5 너희들은 그를 돕지 않을 것이다.
→ You _____ _____ him.

6 그는 왕이 되지 않을 것이다.
→ He _____ _____ a king.

7 John은 그 컴퓨터를 사지 않을 것이다.
→ John _____ _____ the computer.

8 나는 도서관에서 그를 만나지 않을 것이다.
→ I _____ _____ him in the library.

*am, are, is의 동사원형은 be이다.

Words
again 다시
late 늦은
king 왕
library 도서관

 **must + 동사원형**  Grammar Drill 067

- must는 '~ 해야 한다'란 뜻이다. must는 will처럼 그 뒤에 동사원형이 온다.
- 주어로 3인칭 단수가 오더라도 musts가 아닌 must를 쓴다.

다음 빈칸에 알맞은 말을 쓰세요.

*must + 동사원형
→ ~해야 한다
(의무)

Words
mountain 산
sing 노래하다
song 노래
early 일찍

1 너는 나를 도와야 한다.
→ You ＿＿＿＿＿ ＿＿＿＿＿ me.

2 우리는 그 산으로 가야만 한다.
→ We ＿＿＿＿＿ ＿＿＿＿＿ to the mountain.

3 너는 집으로 가야 한다.
→ You ＿＿＿＿＿ ＿＿＿＿＿ home.

4 나는 이 노래를 불러야 한다.
→ I ＿＿＿＿＿ ＿＿＿＿＿ this song.

5 그는 학교에 가야 한다.
→ He ＿＿＿＿＿ ＿＿＿＿＿ to school.

6 그들은 음식을 먹어야 한다.
→ They ＿＿＿＿＿ ＿＿＿＿＿ food.

7 그녀는 그녀의 숙제를 해야 한다.
→ She ＿＿＿＿＿ ＿＿＿＿＿ her homework.

8 그들은 일찍 일어나야 한다.
→ They ＿＿＿＿＿ ＿＿＿＿＿ up early.

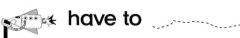 **have to**

- have to는 must와 같은 의미로 '~해야 한다'라는 뜻이다.
- 주어가 3인칭 단수일 때에는 have 대신에 has를 사용하여 has to라고 쓴다.
- have to 뒤에는 go, help, buy 등과 같이 동사원형만이 올 수 있다.

다음 빈칸에 알맞은 말을 쓰세요.

Words
gym 체육관
prince 왕자
move 움직이다
violin 바이올린

1 그들은 체육관에 가야 한다.
→ They _____ _____ go to the gym.

2 그는 그 왕자를 도와야 한다.
→ He _____ _____ help the prince.

3 너는 그것을 가져와야 한다.
→ I _____ _____ bring it.

4 그녀는 설거지를 해야 한다.
→ She _____ _____ do the dishes.

5 우리는 이제 일해야 한다.
→ We _____ _____ work now.

6 그것은 지금 움직여야 한다.
→ It _____ _____ move now.

7 Lisa는 바이올린을 연주해야 한다.
→ Lisa _____ _____ play the violin.

8 나는 영어를 공부해야 한다.
→ I _____ _____ study English.

must not

- must는 '~해야 한다'라는 뜻인데, '~해서는 안 된다'라고 표현할 때는 must 뒤에 not을 붙인다.
- must not은 강한 금지를 타내며 뒤에는 반드시 동사원형이 와야 한다.

다음 빈칸에 알맞은 말을 쓰세요.

1 그녀는 여기서 잠을 자서는 안 된다.
  → She _____ _____ _____ here.

2 우리는 그것을 만지면 안 된다.
  → We _____ _____ _____ it.

3 그녀는 여기서 달려서는 안 된다.
  → She _____ _____ _____ here.

4 그는 그녀에게 씨앗들을 주어서는 안 된다.
  → He _____ _____ _____ seeds to her.

5 그녀는 그것들을 먹어서는 안 된다.
  → She _____ _____ _____ them.

6 Tom은 거기서 피아노를 쳐서는 안 된다.
  → Tom _____ _____ _____ the piano there.

7 너는 그 책 위에 이름을 써서는 안 된다.
  → You _____ _____ _____ the name on the book.

8 그들은 거기서 사진들을 찍어서는 안 된다.
  → They _____ _____ _____ pictures there.

Words

touch 만지다
run 달리다
write 쓰다
take a picture
사진을 찍다

don't have to

- don't have to는 '~을 할 필요가 없다'란 뜻으로 불필요를 나타내며 don't have to 뒤에는 항상 동사원형이 온다.
- 주어가 3인칭 단수일 때는 don't 대신에 doesn't have to라고 쓴다.

다음 빈칸에 알맞은 말을 쓰세요.

Words
ring 반지
rub 문지르다
visit 방문하다
carrot 당근

1 너는 이것을 가져갈 필요가 없다.
→ You _____ _____ _____ take this.

2 그녀는 그 반지를 살 필요가 없다.
→ She _____ _____ _____ buy the ring.

3 나는 그것을 문지를 필요가 없다.
→ I _____ _____ _____ rub it.

4 그들은 일할 필요가 없다.
→ They _____ _____ _____ work.

5 너는 너의 책을 가져올 필요가 없다.
→ You _____ _____ _____ bring your book.

6 그는 여기에 방문할 필요가 없다.
→ He _____ _____ _____ visit here.

7 우리는 그 학생들을 만날 필요가 없다.
→ We _____ _____ _____ meet the students.

8 그녀는 당근을 팔 필요가 없다.
→ She _____ _____ _____ sell carrots.

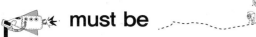 **must be**

- must는 '~해야 한다'란 뜻도 있지만, must 뒤에 be가 오면 '~임에 틀림없다, 틀림없이 ~이다'라고 추측을 나타낸다.
- must 뒤에는 동사원형이 나와야 하므로 am, are, is의 동사원형인 be가 온다.

다음 빈칸에 알맞은 말을 쓰세요.

1 그들은 슬픈 것이 틀림없다.
   → They _____ _____ sad.

2 그는 집에 있는 것이 틀림없다.
   → He _____ _____ at home.

3 그는 마법사가 틀림없다.
   → He _____ _____ a magician.

4 그녀는 배고픈 것이 틀림없다.
   → She _____ _____ hungry.

5 그들은 지친 것이 틀림없다.
   → They _____ _____ tired.

6 그녀는 공주임에 틀림없다.
   → She _____ _____ a princess.

7 그 소녀는 아픈 것이 틀림없다.
   → The girl _____ _____ sick.

8 그 어린이들은 모델들임에 틀림없다.
   → The children _____ _____ models.

*must가 추측을 나타낼 때는 have to로 바꾸어 쓸 수 없다.

Words
sad 슬픈
magician 마법사
model 모델

106

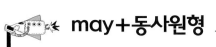 **may+동사원형**  **Grammar Drill** **072**

- may는 '~해도 좋다'라는 허락의 뜻으로 뒤에는 반드시 동사원형이 온다.
- may는 '~일지도 모른다'라는 뜻으로 추측을 나타낼 때도 쓰인다.

다음 빈칸에 알맞은 말을 쓰세요.

1 당신이 그 전화를 사용해도 좋다.
→ You _____ _____ the phone.

2 당신은 그 창문을 열어도 좋다.
→ You _____ _____ the window.

3 당신은 여기서 노래를 해도 좋다.
→ You _____ _____ a song here.

4 당신은 그 파티에 가도 좋다.
→ You _____ _____ to the party.

5 곧 비가 올지도 모른다.
→ It _____ _____ soon.

6 당신은 그 농장에 가도 좋다.
→ You _____ _____ to the farm.

7 당신은 사진을 찍어도 좋다.
→ You _____ _____ a picture.

8 그들은 음악실에 있을지도 모른다.
→ They _____ _____ in the music room.

*may+동사원형
→ ~해도 좋다(허락)

Words
open 열다
phone 전화
farm 농장
music room
음악실

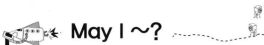 ## May I ~?

- May I ~?는 '내가 ~해도 되나요?'라는 의미로 상대방에게 허락을 구할 때 묻는 표현이다.
- May I 뒤에는 항상 동사원형이 와야 한다.

다음 빈칸에 알맞은 말을 쓰세요.

Words
carry 운반하다
tennis 테니스
close 닫다
face 얼굴
draw 그리다

1 그 음식을 먹어도 될까요?

→ _____ _____ _____ the food?

2 그 상자를 열어도 될까요?

→ _____ _____ _____ the box?

3 당신을 도와줘도 될까요? (도와드릴까요?)

→ _____ _____ _____ you?

4 이 책들을 운반해도 될까요?

→ _____ _____ _____ these books?

5 그곳에 가도 될까요?

→ _____ _____ _____ there?

6 오늘 테니스를 쳐도 될까요?

→ _____ _____ _____ tennis today?

7 그 문을 닫아도 될까요?

→ _____ _____ _____ the door?

8 당신의 얼굴을 그려도 될까요?

→ _____ _____ _____ your face?

Yes, you may./No, you may not.

• May I ~?(~해도 되나요?)의 대답은 긍정일 때는 Yes, you may.로 한다. 부정일 때는 No, you may not.이라고 한다.

다음 빈칸에 알맞은 말을 쓰세요.

Words

ask 묻다
glasses 안경
follow 따라가다

1   May I ask her?
    → Yes, _____ _____.
    → No, _____ _____ _____.

2   My I take your book?
    → Yes, _____ _____.
    → No, _____ _____ _____.

3   May I bring his glasses?
    → Yes, _____ _____.
    → No, _____ _____ _____.

4   May I see them?
    → Yes, _____ _____.
    → No, _____ _____ _____.

5   May I give it to you?
    → Yes, _____ _____.
    → No, _____ _____ _____.

6   May I follow you?
    → Yes, _____ _____.
    → No, _____ _____ _____.

Chapter 08 동사의 과거형과 현재진행형

1 과거형 문장

지금의 일을 현재라고 하고 지나간 일을 과거라고 하는데, 과거의 일을 나타낼 때 동사는 과거형 동사를 써서 과거형 문장으로 나타내야 한다.

He was hungry. 그는 배고팠다. (과거)　　He is full. 그는 배부르다. (현재)

*과거형 문장은 보통 과거 시간을 나타내는 수식어와 함께 쓰인다.
yesterday(어제), the day before yesterday(그제), then(그때), last week(지난 주),
last month(지난 달), a few days ago(며칠 전에), before(전에)

2 be동사가 있는 문장의 과거형

be동사 am, are, is의 과거형을 써서 과거형 문장을 쓴다. am과 is의 과거형은 was이고, are의 과거형은 were이다. 부정문은 was나 were 뒤에 not을 붙이고, 의문문은 was나 were를 주어 앞에 쓰고, 문장 끝에 물음표를 붙인다.

Jane was 12 years old last year. Jane은 작년에 12살이었다.

The children were in the classroom. 그 아이들은 교실에 있었다.

They weren't quiet during the class.
그들은 수업 중에 조용하지 않았다.

Was he sick yesterday? 어제 그는 아팠니?

- Yes, he was. / No, he wasn't.

> 〈축약형〉
> was not = wasn't
> were not = weren't

3 일반동사의 과거형

일반동사의 과거형은 동사에 -ed를 붙여서 만드는데, 이처럼 규칙적으로 변하는 동사가 있는가 하면 불규칙적으로 변하는 동사도 있다.

① 규칙 변화

대부분의 동사	+-ed	walk – walked, play – played
e로 끝나는 동사	+-d	like – liked, dance – danced
자음+y로 끝나는 동사	y → i, +-ed	cry – cried, carry – carried
단모음+단자음으로 끝나는 동사	마지막 자음+-ed	stop – stopped, plan – planned

She played the piano last night. 그녀는 지난 밤에 피아노를 연주했다.

The people danced at the party. 그 사람들은 파티에서 춤췄다.

② 불규칙 변화

현재 – 과거	현재 –과거
hit(치다) – hit	bring(가져오다) – brought
cut(자르다) – cut	have(가지다, 먹다) – had
read(읽다) – read	go(가다) – went
come(오다) – came	see(보다) – saw
run(달리다) – ran	eat(먹다) – ate
say(말하다) – said	know(알다) – knew
meet(만나다) – met	give(주다) – gave
buy(사다) – bought	do(하다) – did

4 일반동사 과거형 문장의 부정문

일반동사가 있는 문장은 일반동사 앞에 didn't[did not]을 쓴다.

I didn't know his name. 나는 그의 이름을 몰랐다.

He didn't like cats. 그는 고양이를 좋아하지 않았다.

5 일반동사 과거형 문장의 의문문

일반동사의 경우에는 Did를 주어 앞에 쓰고 문장 끝에 물음표를 붙인다.

Did you meet Jane? 너는 Jane을 만났니?

– Yes, I did. (긍정일 때) / No, I didn't. (부정일 때)

6 현재진행형 문장

'be동사+동사-ing'는 '~하고 있는 중이다'라는 뜻으로 현재 하고 있는 동작을 나타내는 현재진행형 표현이다. 현재형 문장은 현재의 습관이나 사실을 나타내고, 현재진행형은 움직이고 있는 동작을 나타낸다.

> 주어+be동사(am, are, is)+동사-ing: 주어가 ~하는 중이다

I am having hunch. 나는 점심을 먹는 중이다.

She is reading a book. 그녀는 책을 읽는 중이다.

7 '동사의 -ing형 만드는 법

대부분의 동사	+-ing	go → going, do → doing, walk → walking, study → studying, look → looking, read → reading
-e로 끝나는 동사	e 빼고+-ing	come → coming, have → having, ride → riding, make → making
-ie로 끝나는 동사	ie → y, +-ing	die → dying, lie → lying
단모음+단자음으로 끝나는 동사	마지막 자음+-ing	run → running, sit → sitting, dig → digging, stop → stopping swim → swimming

〈불규칙 동사 변화표〉 불규칙 변화는 특별한 규칙이 없으므로 꼭 암기해 두자!

현재	과거	현재	과거
am, is/are ~ 이다	was/were ~ 이었다	find 발견하다	found 발견했다
become 되다	became 되었다	fly 날다	flew 날았다
begin 시작하다	began 시작했다	forget 잊다	forgot 잊었다
bite 물다	bit 물었다	forgive 용서하다	forgave 용서했다
break 깨다	broke 깼다	freeze 얼다	froze 얼었다
bring 가져오다	brought 가져왔다	get 얻다	got 얻었다
build 짓다	built 지었다	give 주다	gave 주었다
burn 타다	burned/burnt 탔다	go 가다	went 갔다
buy 사다	bought 샀다	grow 자라다	grew 자랐다
catch 잡다	caught 잡았다	hang 걸다	hung 걸었다
choose 선택하다	chose 선택했다	have 가지다, 먹다	had 가졌다, 먹었다
cost 가격이 들다	cost 가격이 들었다	hear 듣다	heard 들었다
come 오다	came 왔다	hide 숨다	hid 숨었다
cut 자르다	cut 잘랐다	hit 치다	hit 쳤다
do 하다	did 했다	hold 잡다	held 잡았다
draw 그리다	drew 그렸다	hurt 다치게 하다	hurt 다치게 했다
drink 마시다	drank 마셨다	keep 유지하다	kept 유지했다
drive 운전하다	drove 운전했다	know 알다	knew 알았다
eat 먹다	ate 먹었다	leave 떠나다	left 떠났다
fall 떨어지다	fell 떨어졌다	lend 빌려주다	lent 빌려주었다
feed 먹이를 주다	fed 먹이를 줬다	let ~ 하게 하다	let ~ 하게 했다
feel 느끼다	felt 느꼈다	lie 거짓말을 하다	lied 거짓말을 했다
fight 싸우다	fought 싸웠다	lie 눕다	lay 누웠다

현재	과거	현재	과거
lose 지다	lost 졌다	sing 노래를 하다	sang 노래를 했다
make 만들다	made 만들었다	sit 앉다	sat 앉았다
mean 의미하다	meant 의미했다	sleep 자다	slept 잤다
meet 만나다	met 만났다	speak 말하다	spoke 말했다
pay 지불을 하다	paid 지불을 했다	spend 쓰다	spent 썼다
put 두다, 놓다	put 뒀다, 놓았다	stand 서 있다	stood 서 있었다
quit 그만두다	quit 그만두었다	steal 훔치다	stole 훔쳤다
read 읽다	read 읽었다	swim 수영하다	swam 수영했다
ride 타다	rode 탔다	take 잡다	took 잡았다
ring 울리다	rang 울렸다	teach 가르치다	taught 가르쳤다
rise 일어나다	rose 일어났다	tear 찢다	tore 찢었다
run 달리다	ran 달렸다	tell 말하다	told 말했다
say 말하다	said 말했다	think 생각하다	thought 생각했다
see 보다	saw 보았다	throw 던지다	threw 던졌다
sell 팔다	sold 팔았다	understand 이해하다	understood 이해했다
send 보내다	sent 보냈다	wake 깨우다	woke 깨웠다
set 놓다, 두다	set 놓았다, 뒀다	wear 입다	wore 입었다
shut 닫다	shut 닫았다	win 이기다	won 이겼다
lay 놓다	laid 놓았다	write 쓰다	wrote 썼다

Exercise 1

다음 주어진 동사의 알맞은 과거형을 쓰세요.

1 carry – _____

2 eat – _____

3 build – _____

4 buy – _____

5 read – _____

6 say – _____

7 teach – _____

8 like – _____

9 see – _____

10 cut – _____

11 take – _____

12 dance – _____

13 forget – _____

14 do – _____

15 know – _____

16 cry – _____

17 feel – _____

18 make – _____

19 plan – _____

20 have – _____

21 walk – _____

22 hit – _____

23 run – _____

24 play – _____

25 love – _____

26 bring – _____

27 is – _____

28 are – _____

29 stop – _____

30 live – _____

<개념 다지기>

2. be동사가 있는 문장
   의 과거형

3. 일반동사의 과거형

Words

build 짓다
teach 가르치다
forget 있다
feel 느끼다
hit 치다
live 살다

Exercise 2

다음 문장의 괄호 안에서 알맞은 것을 고르세요.

1. Tom (was, were) late for the meeting.

2. My brother (leaved, left) for London.

3. She (seed, saw) my friend yesterday.

4. I (went, wented) to a concert.

5. He (live, lived) in a small town.

6. We (was, were) very busy then.

7. Her mother (made, maden) a cake for her.

8. I (was, were) 13 years old last year.

9. They (looked, lookked) at the monkey.

10. He (gived, gave) the present to her.

11. He and she (was, were) in the library.

12. Brain (ate, eated) an apple this morning.

13. They (buyed, bought) pencils last month.

14. We (played, player) soccer yesterday.

15. She (stoped, stopped) in front of the bookstore.

16. Kate (sayed, said) nothing to him.

<개념 다지기>
2. be동사가 있는 문
   장의 과거형
3. 일반동사의 과거형

Words

meeting
모임, 회의
last 지난
present 선물
library 도서관
in front of
～ 앞에
bookstore 서점
nothing
아무것도 아니다

Exercise **3**

다음 괄호 안의 동사를 사용하여 현재진행형 문장을 완성하세요.

1 He _____ at the spider. (look)

2 It _____ in Seoul. (snow)

3 They _____ with their friends. (talk)

4 I _____ a letter. (write)

5 She _____ blue jeans. (wear)

6 She and I _____ juice. (drink)

7 Brian _____ his mom. (help)

8 She _____ in the river. (swim)

9 We _____ a table. (carry)

10 Children _____ soccer. (play)

11 The man _____ home. (come)

12 I _____ with my dog. (walk)

13 Amy and Jisu _____ slowly. (run)

14 He _____ the violin. (play)

15 My mom _____ a picture. (paint)

16 I _____ sandwiches. (have)

〈개념 다지기〉

6. 현재진행형 문장
7. 동사의 -ing형 만드는 법

Words

spider 거미
wear (옷을) 입다
jeans 청바지
violin 바이올린
chicken 닭고기

be동사의 과거형

- be동사 am, are, is는 '~이다, ~ 있다'의 뜻으로 현재형 문장을 나타낼 때 사용한다.
- 과거의 경우에는 '~이었다, ~이 있었다'의 뜻이 되는데, am과 is의 과거형은 was이고 are의 과거형은 were이다.

다음 빈칸에 알맞은 말을 쓰세요.

1 그것은 정말 금이었다.
   → It _____ really gold.

2 그 탁자 위에는 약간의 음식이 있었다.
   → There _____ some food on the table.

3 나는 작년에 10살이었다.
   → I _____ ten years last year.

4 Tom은 그 모임에 늦었다.
   → Tom _____ late for the meeting.

5 그는 그때 왕이었다.
   → He _____ a king then.

6 그들은 아주 빨랐다.
   → They _____ very fast.

7 나의 남동생은 운동장에 있었다.
   → My brother _____ at the playground.

8 우리는 어제 매우 바빴다.
   → We _____ very busy yesterday.

*am, is(현재형)
 → was(과거형),
 are(현재형)
 → were(과거형)

Words

really 정말로
gold 금
some 약간의
king 왕
yesterday 어제

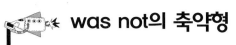 

was not의 축약형

- '~하지 않았다'라고 과거 부정문을 만들 때는 be동사 was 다음에 not을 쓴다.
- was not은 wasn't로 줄여서 쓸 수 있다.

다음 빈칸에 알맞은 말을 쓰세요.

Words

stupid 어리석은
silver 은
tired 피곤한
horse 말

1 그 왕은 어리석었다. (stupid)
   → The king ＿＿＿＿＿＿ ＿＿＿＿＿＿.
   그 왕은 어리석지 않았다.
   → The king ＿＿＿＿＿＿ ＿＿＿＿＿＿.

2 이것은 모두 은이었다. (silver)
   → This ＿＿＿＿＿ all ＿＿＿＿＿.
   이것은 모두 은이 아니었다.
   → This ＿＿＿＿＿ all ＿＿＿＿＿.

3 나는 매우 피곤했다. (tired)
   → I ＿＿＿＿＿ very ＿＿＿＿＿.
   나는 매우 피곤하지 않았다.
   → I ＿＿＿＿＿ very ＿＿＿＿＿.

4 그녀는 나의 선생님이었다. (teacher)
   → She ＿＿＿＿＿ my ＿＿＿＿＿.
   그녀는 나의 선생님이 아니었다.
   → She ＿＿＿＿＿ my ＿＿＿＿＿.

5 그것은 그녀의 말이었다. (horse)
   → It ＿＿＿＿＿ her ＿＿＿＿＿.
   그것은 그녀의 말이 아니었다.
   → It ＿＿＿＿＿ her ＿＿＿＿＿.

were not=weren't

- be동사 am과 is의 과거형은 was이고 are의 과거형은 were이다.
- were가 있는 문장을 부정문으로 만들 때는 were 다음에 not을 쓴다.
- were not은 weren't로 줄여서 쓸 수 있다.

다음 빈칸에 알맞은 말을 쓰세요.

1 너는 아주 똑똑했다.

→ You _____ clever.

2 그들은 똑똑하지 않았다.

→ They _____ _____ clever.

3 우리는 배가 고팠다.

→ We _____ hungry.

4 우리는 배고프지 않았다.

→ We _____ hungry.

5 그 어린이들은 음악실에 있었다.

→ The children _____ in the music room.

6 그와 그녀는 친한 친구들이었다.

→ He and she _____ close friends.

7 그는 그 당시에 슬펐다.

→ He _____ sad at that time.

8 그들은 작년에 일본에 있지 않았다.

→ They _____ in Japan last year.

Words

clever
똑똑한, 영리한
hungry 배가 고픈
close 친한
at that time
그 당시에

be동사의 의문문(과거형)

Grammar Drill 078

- be동사가 있는 과거형 문장을 의문문으로 만들 때에는 주어와 be동사의 위치를 바꾸어 준다.
- was나 were를 문장 맨 앞으로 보내고, 문장 맨 끝에는 물음표를 붙인다.

다음 빈칸에 알맞은 말을 쓰세요.

1 그들은 행복했나요?
   → _____ _____ happy?

2 그는 놀랐나요?
   → _____ _____ surprised?

3 그것은 곤충이었나요?
   → _____ _____ an insect?

4 그들은 당신의 친구들이었나요?
   → _____ _____ your friends?

5 그것들은 깨끗했나요?
   → _____ _____ clean?

6 그녀는 예뻤나요?
   → _____ _____ pretty?

7 그들은 박물관에 있었나요?
   → _____ _____ in the museum?

8 그는 서점에 있었나요?
   → _____ _____ in the bookstore?

*be동사 과거형 문장의 의문문: Were/Was+주어+~?

Words
surprised 놀란
insect 곤충
clean 깨끗한
museum 박물관
bookstore 서점

일반동사의 과거형 1

- 일반동사를 과거형으로 만들 때 규칙이 있는데, 일반적으로 단어 끝에 -ed를 붙여서 현재형을 과거형으로 바꿀 수 있다.
- close처럼 -e로 끝나는 단어는 -d만 붙인다. 또한 stop처럼 단모음＋단자음으로 끝나는 경우에는 stopped처럼 끝의 자음을 한 번 더 써준 뒤 -ed를 붙인다.

다음 빈칸에 알맞은 말을 쓰세요.

Words
close 닫다
palace 궁전
drop 떨어지다
tower 탑

1 그는 그의 눈을 감았다. (close)
　→ He ＿＿＿＿＿＿＿＿＿ his eyes.

2 나는 저 궁전에 살았다. (live)
　→ I ＿＿＿＿＿＿＿＿＿ in that palace.

3 그들은 나무 밑에 멈췄다. (stop)
　→ They ＿＿＿＿＿＿＿＿＿ under a tree.

4 그녀는 그때 나를 도와주었다. (help)
　→ She ＿＿＿＿＿＿＿＿＿ me then.

5 그는 팬케이크 하나를 떨어뜨렸다. (drop)
　→ He ＿＿＿＿＿＿＿＿＿ a pancake.

6 어제 비가 많이 왔다. (rain)
　→ It ＿＿＿＿＿＿＿＿＿ a lot yesterday.

7 우리는 공원에서 축구를 했다. (play)
　→ We ＿＿＿＿＿＿＿＿＿ soccer in the park.

8 그들은 그 탑을 보았다. (look)
　→ They ＿＿＿＿＿＿＿＿＿ at the tower.

일반동사의 과거형 2

- 규칙적으로 변화는 과거형 동사의 대부분은 단어 끝에 -ed를 붙인다.
  예) look → looked, stay → stayed
- 자음 뒤에 y로 끝나면 y를 i로 바꾸어서 -ed를 붙인다.
  예) cry → cried, carry → carried

다음 빈칸에 알맞은 말을 쓰세요.

Words
in front of ~ 앞에
door 문
city 도시
cry 울다
night 밤

1 그 새는 그 문 앞에서 멈췄다. (stop)
→ The bird _____ in front of the door.

2 그들은 그 어린이들을 사랑했다. (love)
→ They _____ the children.

3 그들은 그 큰 도시에 머물렀다. (stay)
→ They _____ in the big city.

4 나는 그때에 그녀를 처다보았다. (look)
→ I _____ at her then.

5 그 새는 그 씨앗들을 그들에게 날라다 주었다. (carry)
→ The bird _____ the seeds to them.

6 그는 그것들을 그들의 손 안에 떨어뜨렸다. (drop)
→ He _____ them in their hands.

7 우리는 지난 주에 영어를 공부했다. (study)
→ We _____ English last week.

8 그는 지난 밤에 그의 방에서 울었다. (cry)
→ He _____ in his room last night.

123

과거형 불규칙 변화 1

- 일반동사의 과거형은 보통 일반동사 뒤에 -ed를 붙여서 만드는데, 이처럼 규칙적으로 변하는 동사도 있지만 불규칙적으로 변하는 동사들도 있다.

  예 see → saw, have → had, leave → left, go → went, make → made, give → gave, eat → ate, buy → bought

다음 빈칸에 알맞은 말을 쓰세요.

1 그는 그녀에게 그 선물을 주었다. (give)
→ He _____ the present to her.

2 나의 아버지는 새 구두를 사셨다. (buy)
→ My father _____ new shoes.

3 나의 형은 캐나다로 떠났다. (leave)
→ My brother _____ for Canada.

4 Tom은 오늘 아침에 사과를 먹었다. (eat)
→ Tom _____ an apple this morning.

5 그녀는 나를 위해 케이크를 만들어 주었다. (make)
→ She _____ a cake for me.

6 우리는 그의 어머니를 보았다. (see)
→ We _____ his mother.

7 그는 그들과 함께 콘서트에 갔다. (go)
→ He _____ to a concert with them.

8 나는 그때에 많은 책들을 가지고 있었다. (have)
→ I _____ many books then.

*일반동사의 과거형은 동사에 -ed를 붙여서 만드는데, 불규칙적으로 변하는 동사도 있다.

Words
shoe 신발
leave 떠나다
concert 콘서트
many 많은

과거형 불규칙 변화 2

- 과거형 문장은 일반동사의 현재형을 과거형으로 바꾸어 과거형 문장을 만드는데, 규칙적으로 변하는 동사도 있지만 불규칙적으로 변하는 동사도 있다.

  예) say → said, read – read, draw – drew, know → knew, lose → lost, build → built, meet → met, write → wrote

다음 빈칸에 알맞은 말을 쓰세요.

Words

say 말하다
way 길, 방법
ago ~(하기) 전에
magazine 잡지
sunflower 해바라기
postcard 엽서

1 그녀는 그에게 아무 말도 하지 않았다. (say)

→ She _____ nothing to him.

2 우리는 그 공원으로 가는 길을 알았다. (know)

→ We _____ the way to the park.

3 나는 며칠 전에 John을 만났다. (meet)

→ I _____ John a few days ago.

4 그녀는 어제 그 잡지책을 읽었다. (read)

→ She _____ the magazine yesterday.

5 그녀의 여동생은 시계를 잃어버렸다. (lose)

→ Her sister _____ her watch.

6 그들은 그 해바라기들을 그렸다. (draw)

→ They _____ the sunflowers.

7 Eric은 이 집을 지었다. (build)

→ Eric _____ this house.

8 그는 그의 어머니께 엽서를 썼다. (write)

→ He _____ a postcard to his mother.

- '~하지 않았다'라고 부정문을 만들 때는 did not을 사용하여 나타내며 didn't로 줄여서 쓸 수 있다.
- did not이나 didn't 다음에는 동사원형이 온다.

다음 빈칸에 알맞은 말을 쓰세요.

Words

people 사람들
money 돈
jewel 보석
jacket 재킷

1 나는 저 사람들을 보지 않았다. (see)
   → I _____ _____ those people.

2 그녀는 돈이 전혀 없었다. (have)
   → She _____ _____ any money.

3 그 새는 그 보석을 나르지 않았다. (carry)
   → The bird _____ _____ the jewel.

4 그녀의 남동생은 열심히 일하지 않았다. (work)
   → Her brother _____ _____ hard.

5 그는 그것을 그 탁자 위에 떨어뜨리지 않았다. (drop)
   → He _____ _____ it on the table.

6 그는 행복해 보이지 않았다. (look)
   → He _____ _____ happy.

7 그는 그의 여동생과 함께 머무르지 않았다. (stay)
   → He _____ _____ with his sister.

8 그 소년들은 재킷들을 가지고 있지 않았다. (have)
   → The boys _____ _____ jackets.

일반동사 과거형 문장의 의문문

- 과거형 의문문을 만들 때에는 Did를 문장 앞에 놓고, Did 뒤에 주어와 동사 순서로 쓴다. 이때 동사는 과거형이 아닌 동사원형을 써 준다.
- Did+주어+동사원형 ~?: 현재형에서는 주어에 따라 Do나 Does를 쓰지만 과거형에서는 주어에 상관없이 Did를 쓴다.

다음 빈칸에 알맞은 말을 쓰세요.

1 Tom이 그 의자를 옮겼나요? (move)
   → ＿＿＿＿＿＿ the bird ＿＿＿＿＿＿ the chair?

2 그녀는 밖으로 갔나요? (go)
   → ＿＿＿＿＿＿ she ＿＿＿＿＿＿ outside?

3 그는 그 왕자를 도왔나요? (help)
   → ＿＿＿＿＿＿ he ＿＿＿＿＿＿ with the prince?

4 Peter는 피아노를 잘 쳤나요? (play)
   → ＿＿＿＿＿＿ Peter ＿＿＿＿＿＿ the piano well?

5 그 가난한 사람들은 음식을 가지고 있었나요? (have)
   → ＿＿＿＿＿＿ the poor people ＿＿＿＿＿＿ food?

6 당신은 모든 사람들을 봤나요? (see)
   → ＿＿＿＿＿＿ you ＿＿＿＿＿＿ all the people?

7 Ann이 너희 집을 방문했나요? (visit)
   → ＿＿＿＿＿＿ Ann ＿＿＿＿＿＿ your house?
   – Yes, she ＿＿＿＿＿＿.
   – No, she ＿＿＿＿＿＿.

*과거형 의문문의 대답은 Yes일 때 did를, No일 때 didn't를 사용하여 나타낸다.

Words
move 옮기다
outside 밖에
prince 왕자
poor 가난한

127

과거형 문장의 부정문

- be동사가 있는 과거형 문장을 부정문으로 만들 때는 was나 were 다음에 not을 쓰면 된다. was not 은 wasn't로, were not은 weren't로 줄여서 쓸 수 있다.
- 일반동사가 있는 과거형 문장을 부정문으로 만들 때는 동사 앞에 did not을 쓰고 다음에는 동사원형이 온다. did not은 didn't로 줄여서 쓸 수 있다.

다음 빈칸에 알맞은 말을 쓰세요.

1 그녀는 유명한 가수였다.
  → She _____ a famous singer.

2 그는 배가 고프지 않았다.
  → He _____ hungry.

3 그들은 좋은 사람들이었다.
  → They _____ good people.

4 우리는 그때에 가난하지 않았다.
  → We _____ poor then.

5 그 사람들은 차를 갖고 있지 않았다.
  → The people _____ _____ a car.

6 그들은 작년에 열심히 공부하지 않았다.
  → They _____ _____ hard last year.

7 그는 그 장작을 나르지 않았다.
  → He _____ _____ the firewood.

8 나는 그 게임을 일찍 끝내지 않았다.
  → I _____ _____ the game early.

Words
famous 유명한
singer 가수
firewood 장작
early 일찍

현재진행형 문장 Grammar Drill **086**

- 현재진행형은 지금 어떤 동작이 계속 진행되고 있을 때 쓰는 표현으로 be동사(am, are, is)+동사의 -ing형으로 나타낸다.
- 현재진행형은 진행을 나타내므로 '~하고 있다, ~하는 중이다'라고 해석한다.

다음 빈칸에 알맞은 말을 쓰세요.

1 그 남자는 지금 노래하고 있다. (sing)
   → The man ＿＿＿＿＿＿ ＿＿＿＿＿＿ now.

2 우리는 여기서 일하고 있다. (work)
   → We ＿＿＿＿＿＿ ＿＿＿＿＿＿ here.

3 우리는 우리의 개와 함께 걷고 있다. (walk)
   → We ＿＿＿＿＿＿ ＿＿＿＿＿＿ with our dog.

4 그 남자들은 물을 마시고 있다. (drink)
   → The men ＿＿＿＿＿＿ ＿＿＿＿＿＿ water.

5 나는 사과를 먹고 있다. (eat)
   → I ＿＿＿＿＿＿ ＿＿＿＿＿＿ an apple.

6 그녀는 저녁을 요리하고 있다. (cook)
   → She ＿＿＿＿＿＿ ＿＿＿＿＿＿ dinner.

7 그 여자는 의자를 나르고 있다. (carry)
   → The woman ＿＿＿＿＿＿ ＿＿＿＿＿＿ the chair.

8 그들은 거기서 축구를 하고 있다. (play)
   → They ＿＿＿＿＿＿ ＿＿＿＿＿＿ soccer there.

＊현재형 문장은 현재의 습관이나 사실을 나타내고, 현재진행형 문장은 움직이고 있는 동작을 나타낸다.

Words
work 일하다
walk 걷다
dinner 저녁 식사

일반동사의 -ing형

- be동사(am, are, is) 다음에 -ing가 붙은 말이 함께 쓰이면 '~하고 있다, ~하는 중이다'라는 뜻이다.
- 동사의 -ing을 만들 때 make처럼 -e로 끝나는 동사는 마지막에 있는 e를 빼고 -ing를 붙여서 만든다.

다음 빈칸에 알맞은 말을 쓰세요.

1 그들은 무대에서 춤을 추고 있다. (dance)
　→ They ＿＿＿＿＿＿ ＿＿＿＿＿＿ on the stage.

2 나는 사진들을 찍고 있다. (take)
　→ I ＿＿＿＿＿＿ ＿＿＿＿＿＿ pictures.

3 그는 눈사람을 만들고 있다. (make)
　→ He ＿＿＿＿＿＿ ＿＿＿＿＿＿ a snowman.

4 우리는 편지를 쓰고 있다. (write)
　→ We ＿＿＿＿＿＿ ＿＿＿＿＿＿ letters.

5 그녀는 점심을 먹고 있다. (have)
　→ She ＿＿＿＿＿＿ ＿＿＿＿＿＿ lunch.

6 그 남자들은 집에 오고 있다. (come)
　→ The men ＿＿＿＿＿＿ ＿＿＿＿＿＿ home.

7 그녀는 자전거를 타고 있는 중이다. (ride)
　→ She ＿＿＿＿＿＿ ＿＿＿＿＿＿ a bike.

8 그 제빵사는 빵을 굽고 있다. (bake)
　→ The baker ＿＿＿＿＿＿ ＿＿＿＿＿＿ bread.

Words
stage 무대
picture
그림, 사진
snowman
눈사람
ride 타다
bake 굽다
bread 빵

현재진행형의 부정문

- 현재진행형 문장을 부정문으로 만들 때는 be동사 다음에 not을 넣어서 만들며 '~하고 있지 않다, ~하는 중이 아니다'라는 뜻이 된다.
- be동사와 not은 축약형으로 쓸 수 있다.(단, am과 not은 줄여서 쓸 수 없다.)

다음 빈칸에 알맞은 말을 쓰세요.

1 나는 우유를 마시고 있지 않다.
→ I _____ _____ _____ milk.

2 우리는 지금 일하고 있지 않다.
→ We _____ _____ now.

3 그는 편지를 쓰고 있지 않다.
→ He _____ _____ a letter.

4 그 소년들은 집으로 달려가고 있지 않다.
→ The boys _____ _____ to the house.

5 나는 사과를 먹고 있지 않다.
→ I _____ _____ _____ an apple.

6 그녀는 저녁을 만들고 있지 않다.
→ She _____ _____ dinner.

7 그 여자는 그 사다리를 나르고 있지 않다.
→ The woman _____ _____ the ladder.

8 그들은 거기서 농구를 하고 있지 않다.
→ They _____ _____ basketball there.

*현재진행형 문장을 포함하여 be동사가 있는 문장의 부정문은 be동사 다음에 not을 넣어서 만든다.

Words
ladder 사다리
basketball 농구

131

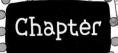

Chapter 09 명령문과 감탄문

1 문장의 종류

문장에는 '평서문', '의문문', '명령문', '감탄문'이 있다.

① 평서문: '~이다', '~이 아니다'의 의미로 사실을 설명하는 문장이다.

② 의문문: '~이니?'의 의미로 물어보는 문장이다.

③ 명령문: '~해라'라는 의미로 명령하는 문장이다.

④ 감탄문: '~하구나!'라는 의미로 감탄하는 문장이다.

2 명령문

① 긍정명령문: 주어 없이 동사의 원형을 문장의 맨 앞에 써서 '~해라'라는 뜻의 명령문을 쓴다.
am, are, is의 원형은 be임에 유의한다.

Be honest. 정직해라.

Get up at seven o'clock. 7시에 일어나라.

Close your eyes. 눈을 감아라.

② 부정명령문: 동사의 원형 앞에 Don't를 붙여 '~하지 마라'라는 뜻의 부정명령문을 쓴다.

Don't be late. 늦지 마라.

Don't run in the room. 방에서 뛰지 마라.

> *명령문 앞이나 뒤에 please를 붙이면 '~해 주세요'라는 공손한 표현이 된다.
> Please help me. 나를 도와주세요.
> Don't make a noise, please. 떠들지 말아 주세요.

③ 제안문: 동사의 원형 앞에 Let's를 붙여 '~하자'라는 제안의 의미를 나타낸다.

Let's go to school. 학교에 가자.

Let's make a snowman. 눈사람을 만들자.

3 감탄문

'~하구나!'라는 감탄문은 what이나 how로 시작하는데 what 뒤에는 명사가 오고, how 뒤에는 형용사나 부사가 온다.

① What 감탄문: What+(a/an)+형용사+명사+(주어+동사)!

② How 감탄문: How+형용사/부사+(주어+동사)!

　　What a cute puppy (it is)! 정말 귀여운 강아지구나!

　　How cute (it is)! 정말 귀엽구나!

　　What big potatoes (they are)! 정말 큰 감자구나!

　　How big (they are)! 정말 크구나!

4 평서문을 감탄문으로 만드는 법

다음의 순서로 평서문을 감탄문으로 바꿀 수 있다.

〈How 감탄문〉

평서문: He runs very fast. 그는 매우 빨리 달린다.

① 문장의 주어와 동사는 맨 뒤로 보내거나 뺀다. → very fast (he runs)

② very를 생략한다. → fast (he runs)

③ 문장의 마지막이 명사이면 what으로, 형용사나 부사이면 how로 감탄문을 시작한다.

　　→ How fast (he runs)

④ 문장 끝에 느낌표(!)를 붙인다. → How fast (he runs)! 그는 정말 빠르구나!

〈What 감탄문〉

평서문: This is a very big house. 이것은 매우 큰 집이다.

① → a very big house (this is)

② → a big house (this is)

③ → What a big house (this is)

④ → What a big house (this is)! 정말 큰 집이구나!

Exercise 1

다음 괄호 안에서 알맞은 것을 골라 명령문을 완성하세요.

1 (Open, Opens) the door. _____

2 (Do, Does) your homework. _____

3 (Don't, Not) worry. _____

4 (Let's, Let you) have dinner now. _____

5 (Clean, Cleans) your car first. _____

6 (Close, Don't) your eyes. _____

7 (Be, Are) kind to everyone. _____

8 Let's (go, goes) camping this Saturday. _____

9 (Don't be, Not be) late. _____

10 Don't (run, runs) in the classroom. _____

〈개념 다지기〉
2. 명령문

Words

homework 숙제
worry 걱정하다
everyone 모두

Exercise 2

다음 괄호 안에서 알맞은 것을 고르세요.

1 (What, How) a pretty girl! _____

2 (What, How) tall he is! _____

3 (What, How) small the cat is! _____

4 (What, How) a rich man! _____

5 (What, How) cute the baby is! _____

6 (What, How) a sunny day! _____

7 (What, How) difficult books they are! _____

8 (What, How) smart he is! _____

9 (What, How) strong the old man is! _____

10 (What, How) hot water! _____

〈개념 다지기〉
3. 감탄문

Words

rich 부유한
sunny 맑은
hot 뜨거운

긍정명령문

- 명령문은 주어에 해당하는 You를 생략하고 동사원형을 문장 맨 앞에 써서 '~해라'라는 뜻으로 명령할 때 사용한다.
- be동사 am, are, is의 동사원형은 be임에 유의한다.

다음 빈칸에 알맞은 말을 쓰세요.

Words

open 열다
look at ~을 보다
quiet 조용한

1 문을 열어라. (open)
   → _____ the door.

2 나를 봐. (look)
   → _____ at me.

3 너의 엄마를 도와드려. (help)
   → _____ your mom.

4 노래를 불러라. (sing)
   → _____ a song.

5 너의 방을 청소해라. (clean)
   → _____ your room.

6 이제 학교에 가거라. (go)
   → _____ to school now.

7 너의 손들을 먼저 씻어라. (wash)
   → _____ your hands first.

8 교실에서 조용히 해라. (are)
   → _____ quiet in the classroom.

부정명령문

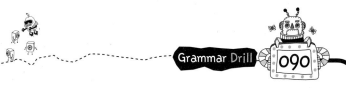

- '~을 하지 마라!'라고 할 때는 명령하는 문장(동사) 앞에 Don't를 써 주면 된다. be동사는 동사원형인 be를 사용한다.
- Don't 다음에는 동사원형이 온다.

다음 빈칸에 알맞은 말을 쓰세요.

1 그 알을 가져가지 마라! (take)

→ ＿＿＿＿＿＿ ＿＿＿＿＿＿ the egg!

2 모르는 사람을 따라가지 마라! (follow)

→ ＿＿＿＿＿＿ ＿＿＿＿＿＿ a stranger!

3 쓰레기를 버리지 마라! (throw)

→ ＿＿＿＿＿＿ ＿＿＿＿＿＿ away trash.

4 그를 쏘지 마라! (shoot)

→ ＿＿＿＿＿＿ ＿＿＿＿＿＿ him!

5 그 그림을 만지지 마라. (touch)

→ ＿＿＿＿＿＿ ＿＿＿＿＿＿ the picture.

6 케이크를 가져오지 마라. (bring)

→ ＿＿＿＿＿＿ ＿＿＿＿＿＿ a cake.

7 모임에 늦지 마라. (are)

→ ＿＿＿＿＿＿ ＿＿＿＿＿＿ late for the meeting.

8 여기서 떠들지 마라. (make)

→ ＿＿＿＿＿＿ ＿＿＿＿＿＿ a noise here.

Words

throw 던지다
stranger 낯선 사람
trash 쓰레기
shoot 쏘다
noise 소음

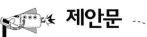 

- Let's는 '~하자'의 의미로 상대방에게 어떤 것을 같이 하자고 제안할 때 쓰는 표현이다.
- Let's 뒤에는 단어의 본래 모양(동사원형)이 와야 한다.

다음 빈칸에 알맞은 말을 쓰세요.

Words
together 함께
kite 연
station 역
pond 연못

1 함께 달리자.
   → _____ run together.

2 우리와 같이 노래 부르자.
   → _____ sing with us.

3 연들을 날리자. (fly)
   → _____ _____ kites.

4 무대에서 춤추자. (dance)
   → _____ _____ on the stage.

5 저녁을 만들자. (make)
   → _____ _____ dinner.

6 역에서 만나자. (meet)
   → _____ _____ at the station.

7 그 연못을 청소하자. (clean)
   → _____ _____ the pond.

8 그 강에서 수영하자. (swim)
   → _____ _____ in the river.

what 감탄문

- What으로 시작하는 감탄문 → What 뒤에 'a(an)+형용사+명사(감탄의 대상이 되는 사람이나 사물) +주어+동사+!'
- 감탄하는 것이므로 느낌표(!)를 문장 끝에 써 준다. 또한 명사 뒤에 주어와 동사는 생략할 수 있다.

다음 빈칸에 알맞은 말을 쓰세요.

Words
great 훌륭한
artist 예술가
nice 멋진
windmill 풍차
story 이야기

1 정말 훌륭한 예술가구나! (great)
→ _____ _____ _____ artist!

2 정말 똑똑한 소녀구나! (clever)
→ _____ _____ _____ girl!

3 정말 착한 개구나! (good)
→ _____ _____ dog!

4 정말 멋진 차구나! (nice)
→ _____ _____ car!

5 정말 큰 풍차구나! (big)
→ _____ _____ windmill!

6 정말 슬픈 이야기구나! (sad)
→ _____ _____ _____ story!

7 정말 부유한 남자구나! (rich)
→ _____ _____ _____ man!

8 정말 귀여운 아기구나! (cute)
→ _____ _____ _____ baby!

how 감탄문

- How로 시작하는 감탄문 → How 뒤에 '형용사＋주어＋동사＋!'
- 감탄하는 것이므로 느낌표(!)를 문장 끝에 써 준다. 명사 뒤에 주어와 동사는 생략할 수 있다.

다음 빈칸에 알맞은 말을 쓰세요.

Words
high 높은
mountain 산
movie 영화

1 그는 정말 키가 크구나! (tall, he)

→ ＿＿＿＿＿ ＿＿＿＿＿ ＿＿＿＿＿ is!

2 그 고양이는 정말 작구나! (small, cat)

→ ＿＿＿＿＿ ＿＿＿＿＿ the ＿＿＿＿＿ is!

3 그 아기는 정말 귀엽구나! (cute, baby)

→ ＿＿＿＿＿ ＿＿＿＿＿ the ＿＿＿＿＿ is!

4 그녀는 정말 영리하구나! (smart, she)

→ ＿＿＿＿＿ ＿＿＿＿＿ ＿＿＿＿＿ is!

5 그 소년은 정말 힘이 세구나! (strong, boy)

→ ＿＿＿＿＿ ＿＿＿＿＿ the ＿＿＿＿＿ is!

6 그는 정말 빨리 달리는구나! (fast, he)

→ ＿＿＿＿＿ ＿＿＿＿＿ ＿＿＿＿＿ runs!

7 그 산은 정말 높구나! (high, mountain)

→ ＿＿＿＿＿ ＿＿＿＿＿ the ＿＿＿＿＿ is!

8 그 영화는 정말 슬프구나! (sad, movie)

→ ＿＿＿＿＿ ＿＿＿＿＿ the ＿＿＿＿＿ is!

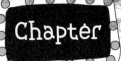

Chapter 10 문장의 형식

1 1형식 문장

'~는 ~한다'는 의미로 주어와 동사만으로 이루어진 문장이다. 주어와 동사 이외의 것들은 꾸며주는 역할을 하는 수식어이다.

주어 S	동사 V	(수식어 M)

A dog runs. 개가 달린다.
  S   V

A dog runs fast. 개가 빨리 달린다.
  S   V   M

2 2형식 문장

'~는 ~이다'는 의미로 주어와 동사, 주어를 보충하는 말(주격보어)로 이루어진 문장이다. 이때 주어를 보충해 주는 말로는 명사와 형용사를 쓴다.

주어 S	동사 V	주격보어S·C	(M)

He is a farmer. 그는 농부이다.
S V   S·C

The woman looks happy. 그 여자는 행복해 보인다.
   S   V   S·C

3 3형식 문장

'~는 ~을 ~하다'의 의미로 주어, 동사, 목적어로 이루어진 문장이다.

주어 S	동사 V	목적어 O	(M)

She likes animals. 그녀는 동물을 좋아한다.
  S   V   O

4형식 문장

'~는 …에게 ~을 주다'의 의미로 두 개의 목적어를 필요로 하는 문장이다.

주어 S	동사 V	간접목적어 I·O	직접목적어 D·O	(M)

I teach them Spanish. 나는 그들에게 스페인어를 가르친다.
  S   V   I·O   D·O

Mom made me cookies yesterday. 엄마가 어제 내게 쿠키를 만들어 주셨다.
  S   V I·O D·O   M

〈4형식 문장의 3형식 전환〉

'주어+동사+간접목적어+직접목적어'의 4형식 문장에서 동사의 직접적인 행동의 대상이 되는 직접목적어를 동사 바로 뒤로 옮기고, 간접목적어 앞에 알맞은 전치사를 써서 3형식 문장으로 전환한다.

I teach them science. [4형식] 나는 그들에게 과학을 가르친다.

→ I teach science to them. [3형식]
    S   V   D·O   M

Mom made me cookies yesterday. [4형식] 엄마가 어제 내게 쿠키를 만들어 주셨다.

→ Mom made cookies for me yesterday. [3형식]
     S   V   D·O   M   M

  *give, teach, send 등 동사는 간접목적어 앞에 to를, buy, make 등은 for를, ask 등은 of를 붙여서 간접목적어를 수식어구로 만들어 준다.

5형식 문장

'~는 ~을 ~하게 하다'의 의미로 목적어를 보충하는 말(목적격 보어)이 있는 문장이다.

주어 S	동사 V	목적어 O	목적격보어 O·C	(M)

We call him a genius. 우리는 그를 '천재'라고 부른다.
  S   V   O   O·C

She always makes me happy. 그녀는 항상 나를 기쁘게 만든다.
  S   M   V   O O·C

Exercise 1

다음 문장에서 주어에는 S, 동사에는 V를 쓰세요.

1 The boy is sad.

2 An old woman opens the door.

3 The girl walks to the park.

4 My brother and I found the book easy.

5 Sumi reads many books.

6 Is Peter a soccer player?

7 My students send me a letter.

8 He collects stamps.

9 The rain makes me wet.

10 The young man gave me a camera.

Words

find 찾다, 발견하다
soccer player
축구 선수
collect 모으다
stamp 우표
wet 젖은
camera 카메라

Exercise 2

다음 문장에서 주격보어에는 SC를, 목적어에는 O를 쓰세요.

1 He became the president.

2 The man bought food.

3 He met the people at the party.

4 They look tired.

5 Mary likes her new school.

6 My mom is a nurse.

7 My cat is black and small.

8 We watched TV all day yesterday.

9 She plays tennis every day.

10 They look worried.

〈개념 다지기〉
2. 2형식 문장
3. 3형식 문장

Words

president
사장, 대통령
party 파티
all day 하루 종일
worried 걱정있는

다음 문장이 몇 형식인지 쓰세요.

1   They study hard.   _____

2   He has two brothers.   _____

3   She became a famous painter.   _____

4   Tom made me a chair.   _____

5   We play baseball on Sundays.   _____

6   They found the letter old.   _____

7   Is she sick?   _____

8   She went to the bed late last night.   _____

9   We bought her a beautiful dress.   _____

10   They call me a walking dictionary.   _____

11   She gets up early in the morning.   _____

12   Tom and Jane look angry.   _____

13   She sent a present to Ann.   _____

14   The boy asked questions of them.   _____

15   Eagles fly high in the sky.   _____

16   He showed me his paintings.   _____

〈개념 다지기〉
1. 1형식 문장
2. 2형식 문장
3. 3형식 문장
4. 4형식 문장
5. 5형식 문장

Words

painter 화가
baseball 야구
dress 드레스
send 보내다
question 질문

4형식 문장

- give는 '~에게 …을 주다'라는 뜻이다. give 다음에는 '~에게(사람)'와 '…을(사물)'에 해당하는 목적어 2개가 순서대로 온다.
- '~에게'에 해당하는 목적어에는 사람에 해당하는 말이 오며 인칭대명사의 경우에는 목적격이 온다.

다음 빈칸에 알맞은 말을 쓰세요.

Words

pancake
팬케이크
useful 유용한
information
정보

1 그녀는 그들에게 돈을 준다. (money)

→ She _____ _____ _____ .

2 그는 그녀에게 몇 권의 책들을 준다. (book)

→ He _____ _____ some _____ .

3 우리는 그들의 아이들에게 약간의 음식을 준다. (food)

→ We _____ their _____ some _____ .

4 그들은 내게 약간의 팬케이크들을 준다. (pancake)

→ They _____ _____ some _____ .

5 그녀는 우리에게 많은 사과들을 준다. (apple)

→ She _____ _____ many _____ .

6 그는 그의 친구들에게 이 상자들을 준다. (box)

→ He _____ his _____ these _____ .

7 그의 아버지는 그에게 그 차를 준다. (car)

→ His father _____ _____ the _____ .

8 TV 프로그램은 우리에게 유용한 정보를 준다. (information)

→ TV programs _____ _____ useful _____ .

수여동사

- 4형식 문장은 '~는 ~에게(간접목적어/사람) ~을(직접목적어/사물) 주다'의 의미로 2개의 목적어를 필요로 하는 문장이다.
- 4형식 동사를 수여동사라고 하며, 수여동사에는 give, make, teach, cook, send, tell, buy, ask 등이 있다.

다음 빈칸에 알맞은 말을 쓰세요.

Words
delicious 맛있는
flower 꽃
key 열쇠
pass 건네주다
sugar 설탕

1 나의 엄마는 그에게 맛있는 음식을 만들어 주신다. (make)
→ My mom _____ _____ delicious food.

2 나는 그녀에게 약간의 꽃들을 사준다. (buy)
→ I _____ _____ some flowers.

3 그들은 Matt에게 그 열쇠들을 준다. (give)
→ They _____ _____ the keys.

4 나에게 설탕을 건네주시겠어요? (pass)
→ Can you _____ _____ the sugar?

5 그는 그들에게 그 편지를 보여준다. (show)
→ He _____ _____ the letter.

6 우리는 그녀에게 엽서 한 장을 보낸다. (send)
→ We _____ _____ a postcard.

7 그는 그들에게 과학을 가르친다. (teach)
→ He _____ _____ science.

8 Ann은 그녀의 선생님에게 질문을 한다. (ask)
→ Ann _____ _____ _____ a question.

4형식 문장의 3형식 전환

- 주어＋동사＋간접목적어＋직접목적어의 4형식 문장에서 직접목적어를 동사 바로 뒤로 옮기고 간접목적어 앞에 전치사를 써서 3형식 문장으로 바꿀 수 있다.
- give, teach, send, tell, lend 등의 동사는 간접목적어 앞에 전치사 to를, buy, make 등의 동사는 for를, ask는 of를 붙인다.

다음 빈칸에 알맞은 말을 쓰세요.

1 Peter는 그 학생들에게 영어를 가르친다. (teach)
→ Peter _____ English _____ the students.

2 그들은 우리에게 많은 질문을 한다. (ask)
→ They _____ a lot of questions _____ us.

3 그 남자는 그녀에게 책을 사 준다. (buy)
→ The man _____ a book _____ her.

4 나는 그 소녀들에게 연필들을 준다. (give)
→ I _____ pencils _____ the girls.

5 그녀는 그녀의 여동생에게 약간의 돈을 빌려준다. (lend)
→ She _____ some money _____ her sister.

6 그는 그의 아이들에 쿠키를 만들어 준다. (make)
→ He _____ cookies _____ his kids.

7 Mike는 그의 주소를 그들에게 말해 준다. (tell)
→ Mike _____ his address _____ them.

8 Lisa는 그녀의 남동생에게 선물을 보여 준다. (show)
→ Lisa _____ a present _____ her brother.

Words
a lot of 많은
lend 빌려주다
cookie 쿠키
address 주소

call+목적어+명사(목적격 보어)

- call은 '~을 부르다'란 뜻이 동사이다.
- call 뒤에 목적어와 명사로 된 목적격 보어가 오는 경우에 '무엇을 ~이라고 부르다'라는 뜻이 된다. 이 경우에 목적어와 목적격 보어는 같은 대상을 나타내는 것이다.

다음 빈칸에 알맞은 말을 쓰세요.

Words
natural 자연의
disaster 재해
magician 마술사
magic 마법, 마술
genius 천재
dictionary 사전

1 그는 나를 공주라고 부른다.
→ He _____ _____ a princess.

2 우리는 그 고양이를 Molly라고 부른다.
→ We _____ the _____ Molly.

3 우리는 그것들을 자연 재해라고 부른다.
→ We _____ _____ natural disasters.

4 그 마법사는 그것을 요술 램프라고 부른다.
→ The magician _____ _____ a magic lamp.

5 나의 형과 나는 그녀를 엄마라고 부른다.
→ My brother and I _____ _____ Mom.

6 그녀는 나를 Tommy라고 부릅니다.
→ She _____ _____ Tommy.

7 그들은 그녀를 천재라고 부른다.
→ They _____ _____ a genius.

8 우리는 그를 걸어다니는 사전이라고 부른다.
→ We _____ _____ a walking dictionary.

Chapter

11 의문사

1 의문사의 종류

의문사에는 who(누구), when(언제), where(어디서), what(무엇을), how(어떻게), why(왜), which(어느), whose(누구의, 누구의 것)가 있다. be동사나 일반동사 의문문 모두 의문사를 문장의 맨 앞에 써서 구체적인 정보를 물을 수 있다.

2 의문사의 쓰임

의문문 만드는 법은 의문사가 문장 맨 앞에 놓이는 것을 빼고는 be동사나 일반동사의 의문문 만드는 법과 같다. 또한 대답은 각각의 의문사에 대한 구체적인 정보를 이용해 대답한다.

① be동사 문장: 의문사+be동사+주어+~ ?
② 일반동사 문장: 의문사+do/does/did+주어+일반동사 ~ ?

A: What is your name? 네 이름은 무엇이니?
B: My name is Sujin. 내 이름은 수진이야.

A: Where do you live? 너는 어디에 사니?
B: I live in Seoul. 나는 서울에 살아.

A: When does he go to sleep? 그는 언제 자니?
B: He goes to bed at 10 o'clock. 그는 10시에 자.

＊의문사 who와 what이 의문문의 주어인 경우에는 do/does/did를 쓰지 않는다.

A: Who wants this cap? 누가 이 모자를 원하니?
B: Mina wants it. 미나가 그것을 원해.

다음 문장을 지시대로 바꾸어 쓰세요.

1 Your mother goes to the market. (how 의문문)

   → _____

2 He often watches TV. (where 의문문)

   → _____

3 Jason studies Korean hard. (why 의문문)

   → _____

4 Your brother goes camping. (when 의문문)

   → _____

5 The girl goes to the station. (how 의문문)

   → _____

〈개념 다지기〉
2. 의문사의 쓰임

Words
market 시장
often 자주, 종종
camping 캠핑
station 역

Exercise 2

다음 빈칸에 알맞은 의문사를 넣어 대화를 완성하세요.

1 *A:* _____ was it?
   B: It was an airplane.

2 *A:* _____ did your dad go?
   B: He went to the gallery.

3 *A:* _____ helped you?
   B: My teacher helped me.

4 *A:* _____ did he come home late last night?
   B: Because he had a lot of work.

〈개념 다지기〉
2. 의문사의 쓰임

Words
airplane 비행기
gallery 미술관

의문사 who, what

- who(누구)는 누가 무엇을 했는지, 누가 어떠한지를 물을 때 쓰는 말이다.
- What(무엇)은 무엇을 했는지, 사물이 무엇인지를 물을 때 쓰는 말이다.
- who(주어인 경우) 다음에는 be동사가 올 때 항상 is를 쓰며, who나 what으로 물을 때는 who나 what을 문장 맨 앞에 쓰고 나머지는 의문문 만드는 법과 같다.

다음 빈칸에 알맞은 말을 쓰세요.

1 누가 착한가요?
→ _____ _____ good?

2 누가 키가 큰가요?
→ _____ _____ tall?

3 누가 튼튼한가요?
→ _____ _____ strong?

4 당신의 이름은 무엇인가요?
→ _____ _____ your name?

5 누가 배고픈가요?
→ _____ _____ hungry?

6 그것들은 무엇인가요?
→ _____ _____ they?

7 누가 행복한가요?
→ _____ _____ happy?

8 누가 친절한가요?
→ _____ _____ kind?

* be동사 문장:
  의문사+be동사+
  주어+~?
* 일반동사 문장:
  의문사+do/does
  +주어+일반동사
  +~?

Words

good 좋은, 착한
name 이름

의문사 where

- where는 '어디에'라는 뜻으로 장소, 사람 또는 사물의 위치를 묻는 표현이다.
- 현재진행형 문장을 이용하여 '어디로 가는 중이니?'라고 물을 때는 where를 문장 맨 앞에 써야 한다. 의문문이므로 be동사와 주어의 자리를 바꾼다.

다음 빈칸에 알맞은 말을 쓰세요.

Words
go 가다
baby 아기
mom 엄마

1 너는 어디로 가고 있니?
   → _____ _____ you going?

2 그녀는 어디로 가고 있나요?
   → _____ _____ she going?

3 나의 엄마는 어디에 있나요?
   → _____ _____ my mom?

4 그들은 어디로 가고 있나요?
   → _____ _____ they going?

5 너희들은 어디로 가고 있니?
   → _____ _____ you going?

6 그 아기는 어디에 있나요?
   → _____ _____ the baby?

7 Tom은 어디로 가고 있나요?
   → _____ _____ Tom going?

8 Jane은 어디로 가고 있나요?
   → _____ _____ Jane going?

의문사 when, why

- when은 '언제'라는 뜻으로 시간을 물을 때 사용한다.
- why는 '왜'라는 뜻으로 이유를 물을 때 사용한다.

다음 빈칸에 알맞은 말을 쓰세요.

1 너의 여동생은 왜 슬퍼 보이니?

→ _____ does your sister look sad?

2 너는 언제 자니?

→ _____ do you go to bed?

3 Judy는 왜 한국어를 열심히 공부하니?

→ _____ does Judy study Korean hard?

4 그녀는 왜 늦게 오니?

→ _____ does she come late?

5 그들은 언제 캠핑 가니?

→ _____ do they go camping?

6 너는 책늘을 언제 읽니?

→ _____ do you read books?

7 그는 오늘 왜 늦게 일어나니?

→ _____ does he get up late today?

그는 매우 피곤하기 때문이야.

→ _____ he is very tired.

*why로 물으면, 답할 때는 because를 사용하여 이유를 말하면 된다.

Words

go to bed
잠자리에 들다

get up 일어나다

How many ~?

- '~이 얼마나 있니?'라고 수를 물을 때에는 How many를 사용하여 나타내며 해석은 그 뒤에 나오는 말에 따라 '몇 명의, 몇 개의, 몇 마리의'로 달라진다.
- 이때 many 뒤에는 animals나 trees처럼 여럿을 나타내는 복수명사가 와야 한다.

다음 빈칸에 알맞은 말을 쓰세요.

Words
animal 동물
ring 반지
duck 오리

1 몇 마리의 동물들이 있나요? (animal)

→ _____ _____ _____ are there?

2 몇 그루의 나무들이 있나요? (tree)

→ _____ _____ _____ are there?

3 몇 개의 반지들이 있나요? (ring)

→ _____ _____ _____ are there?

4 몇 명의 남자들이 있나요? (man)

→ _____ _____ _____ are there?

5 몇 개의 연필들이 있나요? (pencil)

→ _____ _____ _____ are there?

6 몇 권의 책들이 있나요? (book)

→ _____ _____ _____ are there?

7 몇 마리의 오리들이 있나요? (duck)

→ _____ _____ _____ are there?

8 몇 대의 자동차들이 있나요? (car)

→ _____ _____ _____ are there?

 # How much ~?

- how much는 '얼마나, 얼마, 어느 정도'라는 뜻으로 셀 수 없는 것이나 양에 대해 물을 때 쓴다.
- 일반동사일 경우에는 do나 does를, be동사일 경우에는 be동사를 사용하고 미래를 나타내는 경우에는 will을 사용하여 의문문을 만들면 된다.

다음 빈칸에 알맞은 말을 쓰세요.

Words

need 필요하다
sell 팔다
know 알다

1 당신은 얼마나 필요해요?

→ _____ _____ _____ you need?

2 당신은 얼마나 그녀를 좋아해요?

→ _____ _____ _____ you like her?

3 당신은 얼마나 먹나요?

→ _____ _____ _____ you eat?

4 당신은 얼마나 팔 건가요?

→ _____ _____ _____ you sell?

5 당신은 얼마나 살 건가요?

→ _____ _____ _____ you buy?

6 이것은 얼마인가요?

→ _____ _____ _____ it?

7 당신은 그것에 대해서 얼마나 알고 있나요?

→ _____ _____ _____ you know about it?

8 당신은 돈을 얼마나 가지고 있나요?

→ _____ _____ _____ you have money?

How do/does … feel?

- How do(does) … feel?은 '~는 기분이(느낌이) 어때?'라는 뜻이다.
- do나 does는 그 뒤에 나오는 주어에 따라 주어가 3인칭 단수일 경우에는 does를 써 주고, 그 외에는 do를 쓴다.

다음 빈칸에 알맞은 말을 쓰세요.

Words
leg 다리
ear 귀
eye 눈

1 너는 기분이 어때?

→ _____ _____ you _____ ?

2 너의 다리는 어때?

→ _____ _____ your legs _____ ?

3 너의 귀는 어때?

→ _____ _____ your ears _____ ?

4 너의 눈은 어때?

→ _____ _____ your eyes _____ ?

5 너의 어머니는 어떠셔?

→ _____ _____ your mother _____ ?

6 너의 아버지는 어떠셔?

→ _____ _____ your father _____ ?

7 그들은 기분이 어때?

→ _____ _____ they _____ ?

8 너의 남동생은 어때?

→ _____ _____ your brother _____ ?

Chapter 12 전치사와 접속사

1 위치나 장소를 나타내는 전치사

명사 앞에서 위치나 장소, 시간, 방향 등을 명확하게 알려주는 역할을 하는 것이 전치사이다.

on ～ 위에(맞닿아 있음)		behind ～ 뒤에
in ～ 안에		under ～ 아래에
next to(by, beside) ～ 옆에		at ～에(좁은 장소) in ～에(넓은 장소)

The robot is behind the box. 그 로봇은 그 상자 뒤에 있다.

The ball is in the box. 그 공은 그 상자 안에 있다.

The dog is under the chair. 그 개는 그 의자 아래에 있다.

The teddy bear is next to the chair. 그 곰 인형은 그 의자 옆에 있다.

He is standing at the corner. 그는 그 모퉁이에 서 있다.

She lives in the village. 그녀는 그 마을에 산다.

2 시간을 나타내는 전치사

at + 시간	on + 날짜, 요일(하루의 시간)
in + 월, 계절, 연도	in + the + 아침, 오후, 저녁
before ～ 전에	after ～ 후에
for ～ 동안(숫자 앞에)	during ～ 동안(기간 앞에)

We have a party at night. 우리는 밤에 파티를 한다.

I go to church on Sunday. 나는 일요일에 교회를 간다.

It snows a lot in winter. 겨울에는 눈이 많이 온다.

She listens to the radio in the morning. 그녀는 아침에 라디오를 듣는다.

I wash my hands before lunch. 나는 점심 먹기 전에 손을 씻는다.

3 방향을 나타내는 전치사

to	~ 쪽으로	into	~ 안으로
out of	~ 밖으로, ~의 밖	up	~ 위로
down	~ 아래로	toward	~을 향해

He is walking to the house. 그는 집 쪽으로 걷고 있다.

Jump into the lake. 호수 속으로 뛰어들어라.

＊그 외의 전치사의 쓰임

with	~을 가지고	for	~을 위해	by	~로(교통수단)
of	~의	from	~로 부터	over	~ 너머

4 접속사의 의미와 쓰임

단어와 단어, 구와 구, 문장과 문장을 연결해 주는 역할을 하는 것이 접속사이다.

and	그리고, ~와 (유사, 순차)	but	그러나, 하지만 (대조, 반대)
or	또는 (두 가지 중 하나)	so	그래서, 따라서 (결과)
before+주어+동사	~하기 전에	after+주어+동사	~한 후에
when	~할 때(동시에 일어난 일)		

She sings and dances. 그녀는 노래하고 춤을 춘다.

He is young but wise. 그는 어리지만 현명하다.

Do you want juice or milk? 너는 주스를 마실래, 아니면 우유를 마실래?

I brush my teeth before I go to bed. 나는 자기 전에 항상 이를 닦는다.

After you do your homework, watch TV. 숙제를 한 후에 TV를 봐라.

Exercise 1

다음 빈칸에 알맞은 전치사나 접속사를 쓰세요.

1 ~ 쪽으로 _____

2 ~을 위해 _____

3 ~을 가지고 _____

4 ~의 _____

5 (월요일)에 _____

6 (4월)에 _____

7 (방학) 동안 _____

8 ~ 위로 _____

9 (5일) 동안 _____

10 ~로 부터 _____

11 ~ 안에 _____

12 ~ 위에 _____

13 ~ 옆에 _____

14 ~ 뒤에 _____

15 ~ 아래에 _____

16 (아침)에 _____

17 (2시)에 _____

18 (여름)에 _____

19 (밤)에 _____

20 (한국)에 _____

21 ~할 때 _____

22 그리고 _____

23 그러나 _____

24 ~한 후에 _____

25 그래서 _____

26 ~하기 전에 _____

<개념 다지기>

1. 위치와 장소를 나타내는 전치사

2. 시간을 나타내는 전치사

3. 방향을 나타내는 전치사

Exercise 2

다음 괄호 안에서 알맞은 것을 고르세요.

1 I wash my hands first (but, before) I eat food.

2 She is singing (and, so) dancing.

3 He is young (when, but) wise.

4 (After, So) you do your homework, watch TV.

5 (When, And) I left home, it was raining.

6 Do you want juice (but, or) milk?

7 My mother is sick, (but, so) she is in the hospital.

8 I like apples, (and, when) my sister likes oranges.

9 I got up late, (so, but) I had to run fast.

10 He was surprised (or, when) he met the actor.

11 I have a cold, (but, or) my brother doesn't.

12 I have no money, (but, so) I can't buy the car.

13 She was young, (and, but) she was very brave.

14 I have breakfast (before, so) I go to school.

15 I lived in the country (what, when) I was young.

16 Do you want a hamburger (but, or) a sandwich?

<개념 다지기>
4. 접속사의 의미와 쓰임

Words

wash 씻다
wise 현명한
watch 보다
juice 주스
hospital 병원
actor 배우
cold 추운, 감기
brave 용감한
country 나라, 시골

159

• 전치사 in(~안에)이나 by(~옆에)는 문장에서 홀로 쓰일 수 없고 항상 그 뒤에 장소나 위치를 나타내는 말이 따라 온다.

• 장소나 위치를 나타내는 말은 사람이나 사물 모두 올 수 있다. 이때 in, by 앞에 오는 be동사 am, are, is는 '~이 있다'라고 해석한다.

다음 빈칸에 알맞은 말을 쓰세요.

1 나는 그 벤치 옆에 있다.
→ I am _____ the bench.

2 나는 그 도서관 안에 있다.
→ I am _____ the library.

3 우리는 그 집 옆에 있다.
→ We are _____ the house.

4 그들은 그 집 안에 있다.
→ They are _____ the house.

5 Peter는 그 교실 안에 있다.
→ Peter is _____ the classroom.

6 곰 한 마리가 그 동굴 안에 있다.
→ A beer is _____ the cave.

7 그는 그 숙녀 옆에 있다.
→ He is _____ the lady.

8 양 한 마리가 그 나무 옆에 있다.
→ A sheep is _____ the tree.

Words
bench 벤치
cave 동굴
lady 숙녀
sheep 양

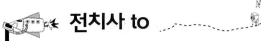

전치사 to

- to는 '~쪽으로, ~(으)로'라는 뜻으로 뒤에 '어디'에 해당하는 장소나 위치를 나타내는 말과 함께 쓰인다.
- to 뒤에 사람이 오면 '~에게'라고 해석한다.

다음 빈칸에 알맞은 말을 쓰세요.

Words

puppy 강아지
bank 은행
sky 하늘
rocket 로켓

1 나는 그 집으로 달려가고 있다.
→ I am running _____ the house.

2 Cathy는 나에게로 오고 있다.
→ Cathy is coming _____ me.

3 그들은 그 강아지들에게로 걸어가고 있다.
→ They are walking _____ the puppies.

4 그녀는 Tom에게 달려가고 있다.
→ She is running _____ _____.

5 우리는 그 강으로 가고 있다.
→ We are going _____ the _____.

6 Jane이 우리들에게 오고 있다.
→ Jane is coming _____ _____.

7 나의 남동생은 은행으로 걸어가고 있다.
→ My brother is walking _____ the _____.

8 그 로켓은 하늘로 날아가고 있다.
→ The rocket is flying _____ the _____.

전치사 for

- for(~을 위해서)는 문장에서 혼자서는 쓸 수 없는 말이다. 항상 그 뒤에 사람이나 사물을 나타내는 말이 따라 온다.
- for 뒤에는 하나를 나타내는 단수명사나, 여러 개를 나타내는 복수명사 모두 올 수 있다.

다음 빈칸에 알맞은 말을 쓰세요.

Words
winter 겨울
kid 어린이
present 선물

1 우리는 겨울을 위해서 일한다.
   → We work _____ the winter.

2 나는 Jenny를 위해서 일한다.
   → _____ work _____ Jenny.

3 그들은 그 식량을 위해서 일한다.
   → _____ work _____ the food.

4 나는 그 어린이들을 위해서 노래한다.
   → I _____ _____ the kids.

5 이 선물들은 너를 위한 것이다.
   → These presents _____ _____ _____.

6 나는 나의 엄마를 위해서 달린다.
   → _____ _____ _____ my mom.

7 나의 엄마와 아빠는 우리들을 위해서 일한다.
   → My mom and dad _____ _____ _____.

8 우리는 Jane을 위해서 춤춘다.
   → _____ _____ _____ Jane.

전치사 under, on

Grammar Drill 107

- under는 '~ 아래에'라는 뜻이며 on은 '~ 위에'라는 뜻으로 under와 on은 장소나 위치를 나타낼 때 사용한다.
- under와 on은 홀로 쓸 수 없으며, 그 뒤에 반드시 장소를 나타내는 말이 와야 한다.

다음 빈칸에 알맞은 말을 쓰세요.

Words

sea 바다
mouse 쥐
hole 구멍

1 그는 책상 아래에 있다.
   → He is _____ a desk.

2 그것은 그 침대 아래에 있다.
   → It is _____ the bed.

3 그 고양이들은 그 소파 위에 있다.
   → The cats are _____ the sofa.

4 그녀는 바다 아래에 있다.
   → She is _____ the sea.

5 너의 열쇠는 그 탁자 위에 있다.
   → Your key is _____ the table.

6 그 쥐는 그 피아노 아래에 있다.
   → The mouse is _____ the piano.

7 그것들은 그 구멍 아래에 있다.
   → They are _____ the hole.

8 너의 반지는 그 TV 위에 있다.
   → Your ring is _____ the TV.

163

전치사 behind, in, at

• behind는 '~ 뒤에'라는 뜻으로 장소·위치를 나타내는 표현이다.

• in이나 at은 '~에'라는 뜻으로 장소를 나타낼 때 사용하는데, in은 넓은 장소에 사용하고, at은 좁은 장소에 사용한다.

다음 빈칸에 알맞은 말을 쓰세요.

Words
turtle 거북
stand 서 있다
corner 모퉁이
door 문
truck 트럭

1 서울에는 많은 사람들이 있다.
→ There are many people _____ Seoul.

2 그 나무는 그 집 뒤에 있다.
→ The tree is _____ the house.

3 그녀는 그 모퉁이에 서 있다.
→ She is standing _____ the corner.

4 어린이는 Jane 뒤에 있다.
→ The kid _____ Jane.

5 나의 남동생은 그 큰 도시에 산다.
→ My brother lives _____ the big city.

6 그 의자는 그 탁자 뒤에 있다.
→ The _____ is _____ the _____.

7 그 책들은 저 문 뒤에 있다.
→ The books are _____ _____ _____.

8 그는 이 트럭 뒤에 있다.
→ He is _____ _____ _____.

164·

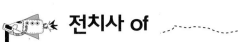

전치사 of

- of는 '~의'라는 뜻으로 소유나 관계를 나타내는 표현이다.
- the king of는 '~ 중의 왕'이라는 표현으로 the king of 뒤에는 the+여럿을 나타내는 말(복수형)이 와야 한다.

다음 빈칸에 알맞은 말을 쓰세요.

Words
bat 박쥐
insect 곤충
eagle 독수리
rabbit 토끼

1 그는 그 박쥐들의 왕입니다.
→ He is _____ _____ _____ the bats.

2 그는 그 새들의 왕입니다.
→ He is _____ _____ _____ the birds.

3 그는 그 곤충들의 왕입니다.
→ He is _____ _____ the _____.

4 그는 그 독수리의 왕입니다.
→ He is _____ _____ _____ the _____.

5 그는 그 곰들의 왕입니다.
→ He is _____ _____ _____ the _____.

6 그는 그 돼지들의 왕입니다.
→ He is _____ _____ _____ the _____.

7 그는 그 개들의 왕입니다.
→ He is _____ _____ _____ the _____.

8 그는 그 토끼들의 왕입니다.
→ He is _____ _____ _____ the _____.

전치사 toward, into, out of

- toward는 '~을 향해'라는 의미로, 그 뒤에는 무엇을 향하는지 그 대상을 써 준다. 따라서 run toward 는 '~를 향해 달리다'라는 뜻의 표현이다.
- into는 '~ 안으로'라는 뜻이고 out of는 '~ 밖으로'라는 뜻이다. into와 out of는 방향을 나타내는 표현이다.

다음 빈칸에 알맞은 말을 쓰세요.

Words

lake 호수
dinosaur 공룡
building 건물, 빌딩
window 창문

1 Peter의 아빠가 그들을 향해 달려간다.
→ Peter's dad _____ _____ them.

2 그 호수로 뛰어들어라.
→ Jump _____ the lake.

3 그 남자는 공룡들을 향해 달려간다.
→ The man _____ _____ the dinosaurs.

4 그것들은 그 건물 밖으로 달려간다.
→ We _____ _____ _____ the building.

5 그 남자는 바다를 향해 걸어간다.
→ The man _____ _____ the sea.

6 그들은 그들의 친구들을 향해 달려간다.
→ They _____ _____ their friends.

7 그들은 나의 집 안으로 걸어간다.
→ They _____ _____ my house.

8 우리는 창문 밖을 바라본다.
→ We _____ _____ _____ the window.

접속사 and  Grammar Drill

- and는 '~와, 그리고'라는 뜻으로 서로 성격이 같은 단어나 문장을 서로 연결한다.
- 단어와 단어, 구와 구, 문장과 문장을 연결해 주는 역할을 하는 것이 접속사이다.

다음 빈칸에 알맞은 말을 쓰세요.

1 그들은 노래하고 또 노래한다.
→ _____ sing _____ sing.

2 우리는 수영하고 또 수영한다.
→ _____ swim _____ swim.

3 나는 춤추고 또 춤춘다.
→ _____ _____ _____ dance.

4 그 개미들은 일하고 또 일한다.
→ The _____ _____ _____ _____.

5 그 가수들은 노래하고 또 춤춘다.
→ The _____ sing _____ dance.

6 그들은 달리고 또 달린다.
→ _____ run _____ _____.

7 나는 배고프고 슬픕니다.
→ I _____ _____ _____ sad.

8 그녀의 남동생은 키가 크고 똑똑하다.
→ Her brother _____ _____ _____ clever.

Words
ant 개미
singer 가수
hungry 배고픈
tall 키가 큰

접속사 but

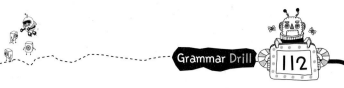

- but은 '그러나, ~이지만'의 뜻으로, 문장과 문장을 연결한다.
- but 앞뒤의 내용이 서로 상반되는 두 문장을 연결할 때 사용한다.

다음 빈칸에 알맞은 말을 쓰세요.

Words
safe 안전한
jump 점프하다
young 젊은
stupid 어리석은

1   나는 안전하지만, 그는 안전하지 않다.
→ I'm safe, _____ he is not safe.

2   그 학생들은 달리고 점프한다.
→ The students run _____ jump.

3   그는 크지만, 나는 작다.
→ He is big, _____ I am small.

4   그 소녀는 어리지만 현명하다.
→ The girl is young _____ wise.

5   그는 어리석지만, 그녀는 똑똑하다.
→ He is stupid, _____ she is clever.

6   나는 튼튼하지만, Tom은 튼튼하지 않다.
→ I am strong, _____ Tom is not strong.

7   그녀는 친절하고, Jay도 친절하다.
→ She is kind, _____ Jay is kind, too.

8   우리는 일하고 있지만, 그들은 일하고 있지 않다.
→ We are working, _____ they aren't working.

접속사 before, after

• before는 '~하기 전에'라는 의미로 두 개의 문장을 연결할 때 쓴다.
• after는 '~한 후에'의 의미로 두 개의 문장을 연결할 때 쓴다.

다음 빈칸에 알맞은 말을 쓰세요.

1 그는 떠나기 전에, 그의 아들에게 편지를 썼다.
→ _____ he left, he wrote a letter to his son.

2 그의 아버지가 죽은 후, 그는 매우 슬펐다.
→ _____ his father died, he was very sad.

3 나의 아들이 돌아오기 전에, 나는 쿠키를 구웠다.
→ _____ my son came back, I baked cookies.

4 그녀는 떠나기 전에, 나를 만났다.
→ _____ she left, she met me.

5 그는 세수를 한 후, 잠자리에 들었다.
→ _____ he washed his face, he went to bed.

6 그 남자가 그 장난감을 고친 후, 그는 그것을 가지고 놀았다.
→ _____ the man fixed the toy, he played with it.

7 저녁이 준비되기 전에, 그녀는 샤워를 했다.
→ _____ the dinner was ready, she took a shower.

8 나는 숙제를 마친 후에, 저녁을 먹었다.
→ _____ I finished my homework, I ate dinner.

Words

son 아들
die 죽다
bake 굽다
fix 고치다
ready 준비된

Chapter 13 to부정사와 동명사

1 to부정사의 의미

to부정사란 'to+동사원형'의 형태로, 문장에서 명사나 형용사, 또는 부사처럼 쓰이는데, 일정하게 그 쓰임이 정해져 있지 않아서 '부정사(不定詞)'라고 한다.

> to + 동사원형 → 명사나 형용사, 부사 역할

I like to eat pizza. 나는 피자 먹는 것을 좋아한다. [명사]
We don't have any food to eat. 우리는 먹을 음식이 없다. [형용사]
I will go out to eat pizza. 나는 피자를 먹으러 나갈 것이다. [부사]

2 to부정사의 명사적 쓰임

to부정사가 문장에서 명사처럼 주어, 목적어, 보어로 쓰이며 '~하는 것', '~하기'로 해석한다.

① 주어

To study English is very important. 영어 공부를 하는 것은 매우 중요하다.

= It is very important to study English. [it 가주어]

*to부정사가 주어일 경우, 주어가 길어지는 것을 피하기 위해 it을 주어로 쓰고 to부정사를 문장 뒤로 보낼 수 있다.

② 목적어

I like to eat apples. 나는 사과 먹는 것을 좋아한다.
I want to see the movie. 나는 그 영화를 보기를 원한다(보고 싶다).

③ 보어

My dream is to be an actor. 나의 꿈은 배우가 되는 것이다.
My hobby is to take photos. 나의 취미는 사진을 찍는 것이다.

3 to부정사의 **형용사적** 쓰임

to부정사가 명사나 대명사 뒤에서 와서 형용사처럼 명사를 수식하는 경우로 '~할'로 해석한다.

I want some water to drink. 나는 마실 물을 원한다.

We have many things to do. 우리는 해야 할 많은 것들이 있다.

4 to부정사의 **부사적** 쓰임

to부정사가 부사처럼 동사나 형용사를 수식하는 경우로 '~하기 위해서', '~해'로 해석한다.

① 목적을 나타내는 to 부정사

I study hard to pass the exam. 나는 그 시험에 통과하기 위해서 열심히 공부한다.

We got up early to have breakfast. 우리는 아침을 먹기 위해서 일찍 일어났다.

② 원인을 나타내는 to 부정사

I am glad to hear that. 나는 그것을 들어서 기쁘다.

He was happy to meet her. 그는 그녀를 만나서 행복했다.

5 동명사의 **의미**

동사이면서 명사의 역할을 해서 동명사라고 하며, 동사 뒤에 -ing를 붙인 형태이다. 동명사는 to 부정사의 명사적 쓰임과 같이 명사로 쓰이며 주어, 목적어, 보어 역할을 한다. 또한 전치사의 목적어 역할도 한다.

```
동사원형 + -ing → 동명사
```

Skating is fun. 스케이트 타는 것은 재미있다. [주어]

I enjoy swimming. 나는 수영하는 것을 즐긴다. [목적어]

My hobby is playing soccer. 나의 취미는 축구이다. [보어]

Thank you for calling me. 내게 전화해 줘서 고마워. [전치사의 목적어]

Exercise 1

다음 괄호 안의 동사를 to부정사로 바꾸어 쓰시오.

1　He knows _____ this machine. (use)

2　She was pleased _____ her mother. (see)

3　They came _____ us. (help)

4　He was happy _____ a car. (get)

5　She has many things _____. (do)

6　We need something _____. (drink)

7　_____ novels is interesting. (read)

8　It is very boring _____ Chinese. (study)

9　My dream is _____ a teacher. (is)

10　I am so happy _____ you. (meet)

11　It is very important _____ to school. (go)

12　I want _____ a painter. (am)

13　They started _____ the problem. (solve)

14　The boy went there _____ a toy. (buy)

15　We decided _____ a taxi. (take)

16　He was sorry _____ that. (hear)

〈개념 다지기〉

1. to부정사의 의미

Words

machine 기계
pleased 기쁜
thing 것, 일
novel 소설
boring 지루한
dream 꿈
important 중요한
solve 풀다

to부정사의 명사적 쓰임

- to부정사가 명사의 역할(주어, 목적어, 보어)을 하는 경우로 '~하기, ~하는 것'으로 해석한다.
- want나 need, like 뒤에 to부정사가 오면, '~하기를 원하다, 필요로 하다, 좋아하다'라는 뜻이 된다.

다음 빈칸에 알맞은 말을 쓰세요.

1 우리는 콜라 마시는 것을 좋아한다. (drink)
→ We _____ _____ _____ Coke.

2 그는 강하게 보이기를 원한다. (look)
→ He _____ _____ _____ strong.

3 그 남자는 배 한 척 만드는 것을 필요로 한다. (make)
→ The man _____ _____ _____ a ship.

4 그녀는 새 코트를 사기를 원한다. (buy)
→ She _____ _____ _____ a new coat.

5 그들은 자전거들을 타기를 원한다. (ride)
→ They _____ _____ _____ bikes.

6 그 아이들은 인형을 갖고 노는 것을 필요로 한다. (play)
→ The kids _____ _____ _____ with dolls.

7 그녀는 쿠키 먹는 것을 좋아한다. (eat)
→ She _____ _____ _____ cookies.

8 그들은 집으로 돌아가기를 원한다. (go)
→ They _____ _____ _____ back home.

to부정사의 부사적 쓰임

- to부정사가 문장에서 부사 역할을 하는 경우로 부사처럼 동사나 형용사를 수식한다.
- '~하기 위해서, ~해서'라는 뜻으로 주로 원인과 결과를 나타낸다.

다음 빈칸에 알맞은 말을 쓰세요.

Words
arrive 도착하다
exam 시험
math 수학
shocked 충격받은

1 그는 약간의 음식을 먹기 위해 일찍 도착했다. (eat)
→ He arrived _____ _____ some food.

2 우리는 수영하기 위해서 그 강에 갔다. (swim)
→ We went to the river _____ _____ .

3 그녀는 피자를 만들기 위해 여기에 왔다. (make)
→ She came here _____ _____ pizza.

4 나는 시험에 합격하기 위해 열심히 공부한다. (pass)
→ I study hard _____ _____ the exam.

5 그는 거기에서 그녀를 보고 너무 놀랐다. (see)
→ He was so surprised _____ _____ her there.

6 그는 수학을 공부하기 위해 도서관에 간다. (study)
→ I go to the library _____ _____ math.

7 그녀는 그 가난한 소년을 만나서 충격을 받았다. (meet)
→ She was shocked _____ _____ the poor boy.

8 그 소년은 장난감을 사러 거기에 갔다. (buy)
→ The boy went there _____ _____ a toy.

to부정사의 형용사적 쓰임

• to부정사가 문장에서 형용사 역할을 하는 경우로 형용사처럼 명사를 수식한다.
• '~할, ~하는'이라는 뜻으로 to부정사가 명사 뒤에 위치한다.

다음 빈칸에 알맞은 말을 쓰세요.

Words
plant 심다
seed 씨앗
finish 끝내다

1   그에게 줄 자전거를 만들자. (give, bike)
→ Let's make a _____ _____ _____ to him.

2   그들은 먹을 약간의 음식이 필요하다. (eat, food)
→ They need some _____ _____ _____.

3   그녀는 심을 씨앗들을 가지고 있다. (plant, seeds)
→ She has _____ _____ _____.

4   나는 읽을 책 한 권이 필요하다. (read, book)
→ I need a _____ _____ _____.

5   우리는 해야 할 많은 것들이 있다. (do, things)
→ We have many _____ _____ _____.

6   마실 물이 없었다. (drink, water)
→ There was no _____ _____ _____.

7   그들은 살 집이 없었다. (live, house)
→ They had no _____ _____ _____ in.

8   Judy는 끝내야 하는 숙제가 있다. (finish, homework)
→ Judy has _____ _____ _____.

175

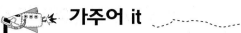

가주어 it

- It은 '그것'이라는 대명사인데, to부정사 문장에서 It은 '그것'이라는 뜻이 아니다. It은 뒤에 오는 to 이하를 대신해서 뜻이 없이 주어로 쓰인 말이다.
- to부정사 주어가 문장 맨 앞에 오면 주어가 길어지므로 문장 뒤로 보내고, 대신 그 자리에 가주어 It을 쓴 것이다. to 이하는 '~하는 것은'이라고 해석한다.

다음 빈칸에 알맞은 말을 쓰세요.

1 그 배를 만드는 것은 쉽다. (make)
→ _____ is easy _____ _____ the ship.

2 그 영화를 보는 것은 지루하지 않다. (see)
→ _____ is not boring _____ _____ the movie.

3 여기서 도망치는 것은 어렵지 않다. (run)
→ _____ is not difficult _____ _____ away here.

4 그 상자를 여는 것은 불가능하다. (open)
→ _____ is impossible _____ _____ the box.

5 약속을 지키는 것은 매우 중요하다. (keep)
→ _____ is very important _____ _____ a promise.

6 일본어를 공부하는 것은 매우 지루하다. (study)
→ _____ is very boring _____ _____ Japanese.

7 그 책을 읽는 것은 재미있다. (read)
→ _____ is interesting _____ _____ the book.

8 컴퓨터를 배우는 것은 어렵지 않다. (learn)
→ _____ is not hard _____ _____ a computer.

*to부정사가 주어일 경우, 주어가 길어지는 것을 피하기 위해 it을 주어로 쓰고 to부정사를 뒤로 보낼 수 있다.

Words
easy 쉬운
run away 도망치다
impossile 불가능한
important 중요한
promise 약속
learn 배우다

It's time to+동사원형

- It's time to는 '~할 시간이다'라는 뜻으로 to 뒤에는 동사원형이 온다.
- It's time+to부정사의 형태로 형용사적 쓰임이다.

다음 빈칸에 알맞은 말을 쓰세요.

Words
practice 연습하다
pay 지불하다
doll 인형

1 노래할 시간입니다.
→ _____ _____ _____ sing.

2 연습할 시간입니다.
→ _____ _____ _____ practice.

3 집에 갈 시간입니다.
→ _____ _____ _____ go home.

4 돈을 지불할 시간입니다.
→ _____ _____ _____ pay.

5 물을 마실 시간입니다.
→ _____ _____ _____ drink water.

6 저녁을 먹을 시간입니다.
→ _____ _____ _____ _____ dinner.

7 잠을 잘 시간입니다.
→ _____ _____ _____ to bed.

8 인형들을 가지고 놀 시간입니다.
→ _____ _____ _____ _____ with dolls.

동명사의 쓰임

- 동사 뒤에 -ing가 붙은 말이 문장에서 주어로 쓰일 경우, '~하는 것'이라는 뜻이 된다. 동사가 명사 역할을 하는 경우로 이를 동명사라고 한다.
- 동명사는 명사로 쓰이며 문장에서 주어, 목적어, 보어 역할을 한다.

다음 빈칸에 알맞은 말을 쓰세요.

1 영어를 배우는 것은 재미있다. (learn)

→ _____ English is interesting.

2 동전들을 모으는 것은 나의 취미이다. (collect)

→ _____ coins is my hobby.

3 걱정하는 것은 소용없는 일이다. (worry)

→ _____ is useless.

4 농구하는 것은 매우 재미있다. (play)

→ _____ basketball is very fun.

5 이메일을 보내는 것은 어렵지 않다. (send)

→ _____ an e-mail is not difficult.

6 케이크를 만드는 것은 쉽지 않다. (make)

→ _____ a cake is not easy.

7 일기를 쓰는 것은 어렵다. (keep)

→ _____ a diary is difficult.

8 강에서 수영하는 것은 위험하다. (swim)

→ _____ in the river is dangerous.

*동명사는 to부정사의 명사적 쓰임과 같이 명사 역할을 한다.

Words

coin 동전
hobby 취미
useless 쓸모 없는
send 보내다
diary 일기
dangerous 위험한

Thank you for -ing

- Thank you for helping은 '~해 줘서 고마워'라는 뜻이다.
- for 뒤에 동사가 올 때에는 동명사가 온다.

다음 빈칸에 알맞은 말을 쓰세요.

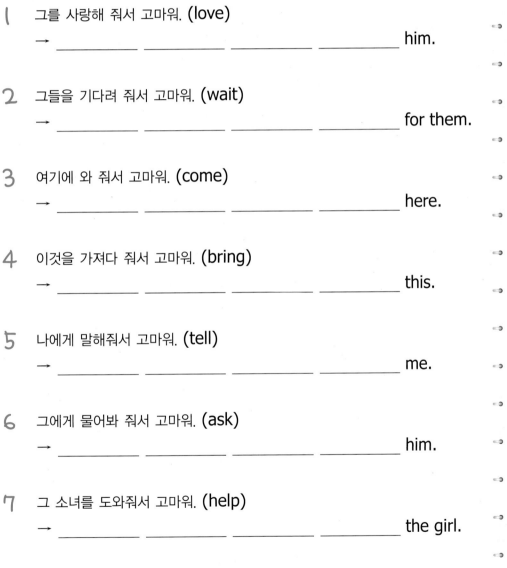

1 그를 사랑해 줘서 고마워. (love)

→ _____ _____ _____ _____ him.

2 그들을 기다려 줘서 고마워. (wait)

→ _____ _____ _____ _____ for them.

3 여기에 와 줘서 고마워. (come)

→ _____ _____ _____ _____ here.

4 이것을 가져다 줘서 고마워. (bring)

→ _____ _____ _____ _____ this.

5 나에게 말해줘서 고마워. (tell)

→ _____ _____ _____ _____ me.

6 그에게 물어봐 줘서 고마워. (ask)

→ _____ _____ _____ _____ him.

7 그 소녀를 도와줘서 고마워. (help)

→ _____ _____ _____ _____ the girl.

8 나에게 전화해 줘서 고마워. (call)

→ _____ _____ _____ _____ me.

＊동명사는 전치사의
목적어 역할도 한다.
(전치사 뒤에는 명사
나 대명사가 온다.)

Words

wait 기다리다
ask 묻다, 질문하다
call 전화를 걸다

라이팅이
쉬워지는
Grammar
Drills
정답

Answers

Chapter 01 명사와 관사

Exercise 1

1. potatoes 2. radios 3. geese 4. dishes
5. sheep 6. roofs 7. teachers 8. doctors
9. pencils 10. zebras 11. peaches 12. sweaters
13. flies 14. wolves 15. babies 16. trays

Exercise 2

1. book 2. benches 3. lilies 4. thieves 5. class
6. man 7. pianos 8. ladies

Exercise 3

1. a 2. an 3. an 4. a 5. a 6. an 7. an 8. a

Grammar Drill 001

1. an, apple 2. a, cat 3. A, dog 4. a, chair.
5. an, egg 6. an, orange 7. an, octopus 8. an, ant

Grammar Drill 002

1. buses 2. wings 3. kites 4. trees 5. books
6. hands , feet 7. brothers 8. deer

Grammar Drill 003

1. sister 2. babies 3. apple 4. boxes 5. ladies
6. house 7. balls 8. candies

Grammar Drill 004

1. short, men 2. two, big, bears 3. four, small, oxen 4. five, cute, dogs 5. six, red, apples
6. seven, big, oranges 7. eight, small, cats
8. nine, tall, girls

Grammar Drill 005

1. You, need, car 2. You, need, buttons 3. You, need, milk 4. You, need, bed 5. You, need, coffee 6. You, need, water 7. You, need, chair
8. You, need, flowers

Grammar Drill 006

1. a, bottle, of 2. two, cups, of 3. three, bottles, of 4. two, cups, of 5. a, bottle, of
6. four, bottles, of 7. a, cup, of 8. two, bottles, of

Chapter 02 대명사

Exercise 1

1. your 2. me 3. its 4. her 5. our 6. his
7. you 8. my 9. him 10. their

Exercise 2

1. these chairs 2. that car 3. those men 4. this book 5. those children 6. that deer 7. these fish 8. this bus 9. those sheep 10. that roof

Exercise 3

1. She 2. him 3. We 4. You 5. it 6. She
7. They 8. They 9. them 10. us 11. her
12. He 13. you 14. You 15. They 16. them

Grammar Drill 007

1. I, am 2. I, Jamie 3. I, am 4. I, am 5. I, am
6. I, am 7. I, am, David 8. I, am, happy

Grammar Drill 008

1. We, are   2. You, are   3. You, are   4. They, are   5. You, are   6. We, are   7. They, are   8. You, are

Grammar Drill 009

1. my, books   2. my, computer   3. my, mother   4. my, friends   5. my, brother   6. my, room   7. my, cats   8. my, umbrella

Grammar Drill 010

1. her, father   2. my, bike   3. your, jacket   4. his, son   5. our, apples   6. their, cake   7. her, bread   8. my, garden

Grammar Drill 011

1. Jane's, house   2. mom's, bed   3. Peter's, computer   4. Matt's, erasers   5. brother's, clothes   6. Tom's, turtles   7. Cathy's, doll   8. Brian's, desk

Grammar Drill 012

1. them   2. her   3. it   4. me   5. them   6. him   7. her   8. them

Grammar Drill 013

1. mine   2. his   3. yours   4. ours   5. mine   6. hers   7. theirs   8. yours

Grammar Drill 014

1. This, house   2. This, is, Kate   3. This, is, Bill   4. This, room   4. This, is, pig   6. This, is, Brad   7. This, car   8. This, is, Ashley

Grammar Drill 015

1. That, is   2 That, is   3. Those, are   4. Those, are   5. That, is, window   6. Those, are, bikes   7. That, is , tower   8. Those, are, balls

Grammar Drill 016

1. These, are, chairs   2. This, is, house   3. These, are, bags   4. This, is, bird   5. These, are, toys   6. These, are, letters   7. This, is, truck   8. This, is, elephant

Grammar Drill 017

1. Is, this   2. Is, this   3. Is, this   4. Is, this   5. Is, this   6. Is, this   7. Is, that, monkey   8. Is, that, teacher

Grammar Drill 018

1. It, spring   2. It, winter.   3. It, cold   4. It, hot   5. It, is, warm   6. It, is, Sunday   7. It, is, dark   8. It, is, far

Chapter 03 be동사

Exercise 1

1. He isn't ten years old.   2. I'm not Amy.   3. He isn't my brother.   4. We aren't from Japan.   5. These paintings aren't beautiful.   6. You aren't a pianist.   7. They aren't my students.   8. That isn't Anna's house.   9. He isn't a famous singer.   10. She isn't in her classroom.

Exercise 2

1. Is your teacher kind?   2. You are baseball players.   3. He is in the classroom.   4. Are these rooms quiet?   5. Are you free this afternoon?   6. This is your school.   7. Is he handsome?   8. His son is a doctor.   9. Is it cloudy?   10. He is late for school.

Grammar Drill 019

1. I, am   2. He, is   3. We, are   4. They, are

5. are, sad 6. are, fast 7. are, tired 8. is, pretty

Grammar Drill 020
1. We, are 2. He, is 3. I, am 4. They, are, under 5. We, are, in 6. It, is, in 7. She, is, on 8. It, is, under

Grammar Drill 021
1. It, is 2. He, is 3. is, happy 4. is, full 5. is, on 6. She, is, hungry 7. He's, doctor 8. She's, angry

Grammar Drill 022
1. I'm 2. She's 3. He's 4. They're 5. You're 6. We're 7. He's 8. It's

Grammar Drill 023
1. am, not 2. are, not 3. is, not 4. are, not 5. are, not 6. is, not 7. are, not 8. is, not

Grammar Drill 024
1. aren't, balls 2. I'm, not, sister 3. aren't, nurses 4. isn't, tall 5. I'm, not 6. aren't, students 7. isn't, under 8. I'm, not

Grammar Drill 025
1. Is, she 2. Is, it 3. Are, you 4. Are, you 5. Is, he 6. Are, they 7. Are, they 8. Is, she

Grammar Drill 026
1. Are, they, they, are, they, aren't 2. Is, he, he, is, he, isn't 3. Are, you, we, are, we, aren't 4. Is, he, he, is, he, isn't 5. Are, they, they, are, they, aren't 6. Is, she, she, is, she, isn't

Grammar Drill 027
1. No, aren't 2. No, not 3. No, isn't 4. Yes, is 5. No, isn't 6. No, aren't 7. Yes, are 8. No,

aren't

Grammar Drill 028
1. There, is 2. There, are 3. There, are 4. There, is 5. There, is 6. There, is 7. There, are 8. There, are

일반동사

Exercise 1
1. finishes 2. cries 3. buys 4. does 5. goes 6. watches 7. teaches 8. says 9. has 10. plays 11. catches 12. stops 13. takes 14. writes 15. pushes 16. studies

Exercise 2
1. Does she go to the hospital? 2. You don't know my secret. 3. Does the boy have five robots? 4. Does the girl want a pretty purse? 5. She doesn't get up at 7:30. 6. Does Maria play the piano well? 7. Susie doesn't hate vegetables. 8. Do they arrive late? 9. Do the starts shine at night? 10. The student doesn't make a noise.

Grammar Drill 029
1. you 2. Mark 3. I, like, lemons 4. I, like, movies 5. I, like, monkeys 6. I, like, Jenny 7. I, like, cats 8. I, like, grapes

Grammar Drill 030
1. You, read 2. We, play 3. I, sit 4. They, drink 5. I, sing 6. You, work 7. They, run 8. They, sleep

Grammar Drill 031
1. teacher, loves 2. She, comes 3. He, works

4. brother, plays 5. She, makes 6. Tom, swims
7. Jenny, watches 8. girl, finishes

Grammar Drill 032
1. Peter, buys 2. They, buy 3. I, run 4. Jamie, runs 5. She, goes 6. We, go 7. birds, sit
8. bird, sits

Grammar Drill 033
1. We, have 2. I, have 3. She, has 4. I, have
5. brother, has 6. They, have 7. Amy, has
8. He, has

Grammar Drill 034
1. don't, buy 2. don't, use 3. don't, eat
4. don't, swim 5. don't, work 6. don't, run
7. don't, drive 8. don't, drink

Grammar Drill 035
1. doesn't, sleep 2. doesn't, fly 3. doesn't, make 4. doesn't, swim 5. doesn't, eat
6. doesn't, come 7. doesn't, like 8. doesn't, play

Grammar Drill 036
1. doesn't, grow 2. don't, grow 3. doesn't, have 4. don't, have 5. doesn't, like 6. don't, like 7. doesn't, drink 8. don't, drink

Grammar Drill 037
1. like, cats 2. like, dogs 3. Do, you, like, grapes 4. Do, you, like, coffee 5. Do, you, like, tigers 6. Do, you, like, pancakes 7. Do, you, like, bread 8. Do, you, like, milk

Grammar Drill 038
1. Does, she, does, she, doesn't 2. Does, he, does, he, doesn't 3. Do, they, do, they, don't
4. Do, we, do, we, don't 5. Does, he, does, he,

doesn't 6. Do, they, do, they, don't

Grammar Drill 039
1. look, bad 2. look, sad 3. looks, angry
4. look, hungry 5. look, happy 6. look, strong
7. looks, kind 8. look, full

Grammar Drill 040
1. You, have 2. She, has 3. They, have 4. I, have 5. They, have 6. We, have 7. You, have
8. He, has

Grammar Drill 041
1. go, to, man 2. go, to, river 3. go, to, house
4. goes, to, tree 5. goes, to, park 6. go, to, Thomas 7. goes, to, woman 8. go, to, Alice

Grammar Drill 042
1. gets, to, sea 2. gets, to, castle 3. get, to, house 4. get, to, library 5. gets, to, tower
6. get, to, gallery 7. gets, to, airport 8. get, to, playground

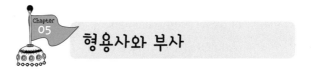

Chapter 05 형용사와 부사

Exercise 1
1. old 2. small 3. short 4. cheap 5. difficult
6. poor 7. hungry 8. strong 9. slow 10. cold

Exercise 2
1. late 2. slowly 3. quickly 4. fully 5. early
6. kindly 7. angrily 8. sweetly 9. happily
10. fast

Exercise 3
1. never 2. slowly 3. pretty 4. happily
5. easily 6. high 7. fast 8. fully 9. always

10. carefully   11. well   12. wrong   13. loudly
14. hard   15. early   16. late

Grammar Drill 043

1. is, big   2. are, happy   3. is, good   4. is,
hungry   5. is, strong   6. are, expensive   7. are,
kind   8. is, beautiful

Grammar Drill 044

1. real, girl   2. clever, boy   3. happy, person
4. stupid, tiger   5. kind, woman   6. tall, men
7. red, apple   8. new, cars

Grammar Drill 045

1. little, house   2. little, bird   3. little, milk
4. little, money   5. little, gold   6. little, dog
7. little, food   8. little, salt

Grammar Drill 046

1. all, actors   2. all, animals   3. all, insects
4. all, books   5. are, all, singers   6. are, all,
rabbits   7. are, all, students   8. are, all, cars

Grammar Drill 047

1. Many, birds   2. Many, animals   3. much, food
4. Many, eagles   5. Many, sharks   6. much,
money   7. Many, books   8. Many, dogs

Grammar Drill 048

1. very   2. am, very   3. is, very, short   4. is,
very, big   5. You, are, very   6. They, are, very
7. teacher, is, very, kind   8. boy, very, cute

Grammar Drill 049

1. too   2. too   3. too   4. too   5. too   6. too
7. too   8. either

Grammar Drill 050

1. never   2. always   3. usually   4. often

5. sometimes   6. often   7. always   8. sometimes

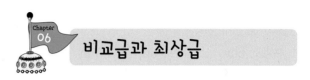

비교급과 최상급

Exercise 1

1. worse, worst   2. less, least   3. shorter,
shortest   4. thinner, thinnest   5. older, oldest
6. more difficult, most difficult   7. more, most
8. bigger, biggest   9. better, best   10. more,
most   11. hotter, hottest   12. more popular,
most popular   13. wiser, wisest   14. better, best
15. easier, easiest   16. worse, worst

Exercise 2

1. taller, tallest   2. better, best   3. hotter,
hottest   4. more interesting, most interesting
5. worse, worst   6. prettier, prettiest   7. more,
most   8. smarter, smartest   9. older, oldest
10. worse, worst   11. larger, largest   12. less,
least   13. fatter, fattest   14. thinner, thinnest
15. busier, busiest   16. better, best

Grammar Drill 051

1. poorer   2. better   3. worse   4. weaker
5. older   6. better   7. taller   8. shorter

Grammar Drill 052

1. more, beautiful   2. more, curious   3. more,
dangerous   4. more, attractive   5. more, famous
6. more, useful   7. more, popular   8. more,
expensive

Grammar Drill 053

1. weaker, than   2. older, than   3. better, than
4. cheaper, than   5. poorer, than   6. stronger,
than   7. taller, than   8. younger, than

Grammar Drill 054

1. less, meat 2. less, clever 3. less, old
4. less, dangerous 5. less, expensive 6. less, milk 7. less, cake 8. less, coffee

Grammar Drill 055

1. youngest 2. most, popular 3. oldest
4. most, beautiful 5. most, expensive 6. most, difficult 7. shortest 8. strongest

Grammar Drill 056

1. the, closest, church, to 2. the, closest, restaurant, to 3. the, closest, mountain, to
4. the, closest, river, to 5. the, closest, palace, to 6. the, closest, sea, to 7. the, closest, park, to 8. the, closest, station, to

Grammar Drill 057

1. as, old, as 2. as, long, as 3. as, tall, as
4. as, popular, as 5. as, smart, as 6. as, sweet, as 7. as, heavy, as 8. as, brave, as

Grammar Drill 058

1. will, get, better 2. will, get, better 3. gets, better 4. will, get, better 5. will, get, better
6. gets, better 7. will, get, better 8. will, get, better

Chapter 07

조동사

Exercise 1

1. can 2. must 3. will 4. must 5. may
6. may/can 7. will

Exercise 2

1. study 2. do 3. play 4. stays 5. start
6. wants 7. ride 8. go 9. visit 10. be

Exercise 3

1. My friend and I will leave this town. 2. The girl can play the piano. 3. The man is able to swim in the sea. 4. Jane is going to meet her mom. 5. You can speak English. 6. She has to see a doctor. 7. Her brother is able to make model planes. 8. Mike may be in his office.
9. My parents are going to have dinner together.
10. They must be close friends.

Grammar Drill 059

1. can 2. can't 3. can 4. can't 5. can't
6. can't 7. can 8. can't

Grammar Drill 060

1. Can, I, play 2. Can, I, get 3. Can, I, eat
4. Can, I, open 5. Can, I, visit 6. Can, I, close
7. Can, I, go 8. Can, I, use

Grammar Drill 061

1. Can, you, tell 2. Can, you, give 3. Can, you, sing 4. Can, you, make 5. Can, you, show
6. Can, you, lend 7. Can, you, drive 8. Can, you, clean

Grammar Drill 062

1. will, see 2. will, be 3. will, be 4. will, win
5. will, leave 6. will, be 7. will, ride 8. will, make

Grammar Drill 063

1. am, going, to 2. is, going, to 3. are, going, to 4. are, going, to 5. is, going, to 6. is, going, to 7. is, going, to 8. am, going, to

Grammar Drill 064

1. We'll 2. They'll 3. It'll 4. He'll 5. You'll
6. She'll 7. We'll 8. I'll

Grammar Drill 065

1. Will, you, carry 2. Will, you, come 3. Will, you, buy 4. Will, you, give 5. Will, you, cook 6. Will, you, sell 7. Will, you, show 8. Will, you, write

Grammar Drill 066

1. won't, sell 2. won't, come 3. won't go 4. won't, be 5. won't, help 6. won't, be 7. won't, buy 8. won't, meet

Grammar Drill 067

1. must, help 2. must, go 3. must, go 4. must, sing 5. must, go 6. must, eat 7. must, do 8. must, get

Grammar Drill 068

1. have, to 2. has, to 3. have, to 4. has, to 5. have, to 6. has, to 7. has, to 8. have, to

Grammar Drill 069

1. must, not, sleep 2. must, not, touch 3. must, not, run 4. must, not, give 5. must, not, eat 6. must, not, play 7. must, not, write 8. must, not, take

Grammar Drill 070

1. don't, have, to 2. doesn't, have, to 3. don't, have, to 4. don't, have, to 5. don't, have, to 6. doesn't, have, to 7. don't, have, to 8. doesn't, have, to

Grammar Drill 071

1. must, be 2. must, be 3. must, be 4. must, be 5. must, be 6. must, be 7. must, be 8. must, be

Grammar Drill 072

1. may, use 2. may, open 3. may, sing 4. may, go 5. may, rain 6. may, go 7. may, take 8. may, be

Grammar Drill 073

1. May, I, eat 2. May, I, open 3. May, I, help 4. May, I, carry 5. May, I, go 6. May, I, play 7. May, I, close 8. May, I, draw

Grammar Drill 074

1. you, may, you, may, not 2. you, may, you, may, not 3. you, may, you, may, not 4. you, may, you, may, not 5. you, may, you, may, not 6. you, may, you, may, not

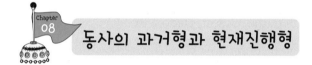

Chapter 08 동사의 과거형과 현재진행형

Exercise 1

1. carried 2. ate 3. built 4. bought 5. read 6. said 7. taught 8. liked 9. saw 10. cut 11. took 12. danced 13. forgot 14. did 15. knew 16. cried 17. felt 18. made 19. planned 20. had 21. walked 22. hit 23. ran 24. played 25. loved 26. brought 27. was 28. were 29. stopped 30. lived

Exercise 2

1. was 2. left 3. saw 4. went 5. lived 6. were 7. made 8. was 9. looked 10. gave 11. were 12. ate 13. bought 14. played 15. stopped 16. said

Exercise 3

1. is looking 2. is snowing 3. are talking 4. am writing 5. is wearing 6. are drinking 7. is helping 8. is swimming 9. are carrying 10. are playing 11. is coming 12. am walking 13. are running 14. is playing 15. is painting 16. am

having

Grammar Drill 075
1. was 2. was 3. was 4. was 5. was 6. were
7. was 8. were

Grammar Drill 076
1. was, stupid, wasn't, stupid 2. was, silver, wasn't, silver 3. was, tired, wasn't, tired
4. was, teacher, wasn't, teacher 5. was, horse, wasn't, horse

Grammar Drill 077
1. were 2. were, not 3. were 4. weren't
5. were 6. were 7. was 8. weren't

Grammar Drill 078
1. Were, they 2. Was, he 3. Was, it 4. Were, they 5. Were, they 6. Was, she 7. Were, they 8. Was, he

Grammar Drill 079
1. closed 2. lived 3. stopped 4. helped
5. dropped 6. rained 7. played 8. looked

Grammar Drill 080
1. stopped 2. loved 3. stayed 4. looked
5. carried 6. dropped 7. studied 8. cried

Grammar Drill 081
1. gave 2. bought 3. left 4. ate 5. made
6. saw 7. went 8. had

Grammar Drill 082
1. said 2. knew 3. met 4. read 5. lost
6. drew 7. built 8. wrote

Grammar Drill 083
1. didn't, see 2. didn't, have 3. didn't, carry

4. didn't, work 5. didn't, drop 6. didn't, look
7. didn't, stay 8. didn't, have

Grammar Drill 084
1. Did, move 2. Did, go 3. Did, help 4. Did, play 5. Did, have 6. Did, see 7. Did, visit, did, didn't

Grammar Drill 085
1. was 2. wasn't 3. were 4. weren't 5. didn't, have 6. didn't, study 7. didn't, carry 8. didn't, finish

Grammar Drill 086
1. is, singing 2. are, working 3. are, walking
4. are, drinking 5. am, eating 6. is, cooking
7. is, carrying 8. are, playing

Grammar Drill 087
1. are, dancing 2. am, taking 3. is, making
4. are, writing 5. is, having 6. are, coming
7. is, riding 8. is, baking

Grammar Drill 088
1. am, not, drinking 2. aren't, working 3. isn't, writing 4. aren't, running 5. am, not, eating
6. isn't, making 7. isn't, carrying 8. aren't, playing

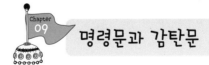

Chapter
09
명령문과 감탄문

Exercise 1
1. Open 2. Do 3. Don't 4. Let's 5. Clean
6. Close 7. Be 8. go 9. Don't be 10. run

Exercise 2
1. What 2. How 3. How 4. What 5. How

6. What 7. What 8. How 9. How 10. What

Grammar Drill 089

1. Open 2. Look 3. Help 4. Sing 5. Clean
6. Go 7. Wash 8. Be

Grammar Drill 090

1. Don't, take 2. Don't, follow 3. Don't, throw
4. Don't, shoot 5. Don't, touch 6. Don't, bring
7. Don't, be 8. Don't, make

Grammar Drill 091

1. Let's 2. Let's 3. Let's, fly 4. Let's, dance
5. Let's, make 6. Let's, meet 7. Let's, clean
8. Let's, swim

Grammar Drill 092

1. What, a, great 2. What, a, clever 3. What,
a, good 4. What, a, nice 5. What, a, big
6. What, a, sad 7. What, a, rich 8. What, a,
cute

Grammar Drill 093

1. How, tall, he 2. How, small, cat 3. How,
cute, baby 4. How, smart, she 5. How, strong,
boy 6. How, fast, he 7. How, high, mountain
8. How, sad, movie

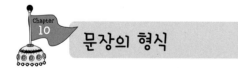

문장의 형식

Exercise 1

1. S-The boy / V-is 2. S-An old woman / V-
opens 3. S-The girl / V-walks 4. S-My brother
and I / V-found 5. S-Sumi / V-reads 6. S-
Peter / V-Is 7. S-My students / V-send 8. S-
He / V-collects 9. S-The rain / V-makes
10. S-The young man / V-gave

Exercise 2

1. S·C-the president 2. O·food 3. O·the
people 4. S·C-tired 5. O-her new school
6. S·C-a nurse 7. S·C-black and small
8. O-TV 9. O-tennis 10. S·C-worried

Exercise 3

1. 1 2. 3 3. 2 4. 4 5. 3 6. 5 7. 2 8. 1
9. 4 10. 5 11. 1 12. 2 13. 3 14. 3 15. 1
16. 4

Grammar Drill 094

1. gives, them, money 2. gives, her, books
3. give, children, food 4. give, me, pancakes
5. gives, us, apples 6. gives, friends, boxes
7. gives, him, car 8. give, us, information

Grammar Drill 095

1. makes, him 2. buy, her 3. give, Matt
4. pass, me 5. shows, them 6. send, her
7. teaches, them 8. asks, her, teacher

Grammar Drill 096

1. teaches, to 2. ask, of 3. buys, for 4. give,
to 5. lends, to 6. makes, for 7. tells, to
8. shows, to

Grammar Drill 097

1. calls, me 2. call, cat 3. call, them 4. calls, it
5. call, her 6. calls, me 7. call, her 8. call, him

의문사

Exercise 1

1. How does your mother go to the market?
2. Where does he often watch TV? 3. Why does
Jason study Korean hard? 4. When does your

brother go camping? 5. How does the girl go to the station?

Exercise 2
1. What 2. Where 3. Who 4. Why

Grammar Drill 098
1. Who, is 2. Who, is 3. Who, is 4. What, is
5. Who, is 6. What, are 7. Who, is 8. Who, is

Grammar Drill 099
1. Where, are 2. Where, is 3. Where, is
4. Where, are 5. Where, are 6. Where, is
7. Where, is 8. Where, is

Grammar Drill 100
1. Why 2. When 3. Why 4. Why 5. When
6. When 7. Why, Because

Grammar Drill 101
1. How, many, animals 2. How, many, trees
3. How, many, rings 4. How, many, men
5. How, many, pencils 6. How, many, books
7. How, many, ducks 8. How, many, cars

Grammar Drill 102
1. How, much, do 2. How, much, do 3. How, much, do 4. How, much, will 5. How, much, will 6. How, much, is 7. How, much, do
8. How, much, do

Grammar Drill 103
1. How, do, feel 2. How, do, feel 3. How, do, feel 4. How, do, feel 5. How, does, feel
6. How, does, feel 7. How, do, feel 8. How, does, feel

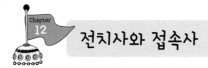

전치사와 접속사

Exercise 1
1. to 2. for 3. with 4. of 5. on 6. in
7. during 8. up 9. for 10. from 11. in 12. on
13. next to(by) 14. behind 15. under 16. in
17. at 18. in 19. at 20. in 21. when 22. and
23. but 24. after 25. so 26. before

Exercise 2
1. before 2. and 3. but 4. After 5. When
6. or 7. so 8. and 9. so 10. when 11. but
12. so 13. but 14. before 15. when 16. or

Grammar Drill 104
1. by 2. in 3. by 4. in 5. in 6. in 7. by 8. by

Grammar Drill 105
1. to 2. to 3. to 4. to, Tom 5. to, river 6. to, us 7. to, bank 8. to, sky

Grammar Drill 106
1. for 2. I, for 3. They, for 4. sing, for 5. are, for, you 6. I, run, for 7. work, for, us 8. We, dance, for

Grammar Drill 107
1. under 2. under 3. on 4. under 5. on
6. under 7. under 8. on

Grammar Drill 108
1. in 2. behind 3. at 4. behind 5. in 6. chair, behind, table 7. behind, that, door
8. behind, this, truck

Grammar Drill 109
1. the, king, of 2. the, king, of 3. the, king, of, insects 4. the, king, of, eagles 5. the, king, of,

bears 6. the, king, of, pigs 7. the, king, of, dogs 8. the, king, of, rabbits

Grammar Drill 110
1. runs, toward 2. into 3. runs, toward 4. run, out of 5. walks, toward 6. run, toward 7. wallk, into 8. look, out of

Grammar Drill 111
1. They, and 2. We, and 3. I, dance, and 4. ants, work, and, work 5. singers, and 6. They, and, run 7. am, hungry, and 8. is, tall, and

Grammar Drill 112
1. but 2. and 3. but 4. but 5. but 6. but 7. and 8. but

Grammar Drill 113
1. Before 2. After 3. Before 4. Before 5. After 6. After 7. Before 8. After

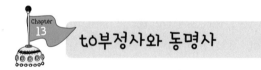

to부정사와 동명사

Exercise
1. to use 2. to see 3. to help 4. to get 5. to do 6. to drink 7. To read 8. to study 9. to be 10. to meet 11. to go 12. to be 13. to solve 14. to buy 15. to take 16. to hear

Grammar Drill 114
1. like, to, drink 2. wants, to, look 3. needs, to, make 4. wants, to, buy 5. want, to, ride 6. need, to, play 7. likes, to, eat 8. want, to, go

Grammar Drill 115
1. to, eat 2. to, swim 3. to, make 4. to, pass 5. to, see 6. to, study 7. to, meet 8. to, buy

Grammar Drill 116
1. bike, to, give 2. food, to, eat 3. seeds, to, plant 4. book, to, read 5. things, to, do 6. water, to, drink 7. house, to, live 8. homework, to, finish

Grammar Drill 117
1. It, to, make 2. It, to, see 3. It, to, run 4. It, to, open 5. It, to, keep 6. It, to, study 7. It, to, read 8. It, to, learn

Grammar Drill 118
1. It's, time, to 2. It's, time, to 3. It's, time, to 4. It's, time, to 5. It's, time, to 6. It's, time, to, eat[have] 7. It's, time, to, go 8. It's, time, to, play

Grammar Drill 119
1. Learning 2. Collecting 3. Worrying 4. Playing 5. Sending 6. Making 7. Keeping 8. Swimming

Grammar Drill 120
1. Thank, you, for, loving 2. Thank, you, for, waiting 3. Thank, you, for, coming 4. Thank, you, for, bringing 5. Thank, you, for, telling 6. Thank, you, for, asking 7. Thank, you, for, helping 8. Thank, you, for, calling